DIEDERICHS GELBE REIHE

herausgegeben von Michael Günther

W0065158

Vanamali Gunturu

Krishnamurti

Leben und Werk

Eugen Diederichs Verlag

Vordere Umschlagseite: Foto von Jiddu Krishnamurti in Holland, um 1936; © Krishnamurti Foundation Trust Limited, Hampshire, England.

Die Deutsche Bibliothek – CIP-Einheitsaufnahme
Gunturu, Vanamali:
Krishnamurti : Leben und Werk / Vanamali Gunturu. –
München : Diederichs, 1997
(Diederichs Gelbe Reihe ; 133 : Indien)
ISBN 3-424-01353-6
NE: GT

© Eugen Diederichs Verlag, München 1997

Redaktion: Andrea Hennis, München
Umschlaggestaltung: Zembsch' Werkstatt, München
Produktion: Tillmann Roeder, München
Satz: Fotosatz Otto Gutfreund, Darmstadt
Druck und Bindung: Pressedruck, Augsburg
Printed in Germany

ISBN 3-424-01353-6

Inhalt

Vorwort

Am Ende meiner Pubertät stand ich vor einer Krise. Früher erschienen mir die Blätter der Bäume saftig grün und ihre Stämme sehr stark. Wenn ich den Kopf in den Nacken legte, um mir die dicken Äste anzuschauen, die wie erfrorene Dunkelheit durch das Laub drängten, sah ich zwischen ihnen Fetzen von Himmel. Meine Blicke blieben·an der makellosen Bläue des Himmels haften. Wenn ich auf diesen Ästen irgendeinen Vogel gesichtet hatte, den ich nicht jeden Tag sah, so sorgte dieser neue Vogel für eine große Aufregung. Wenn sich am Himmel ein Regenbogen spannte, so war das ein großes Ereignis – manchmal sah ich sogar zwei übereinander! Eine Woche war eine lange Zeit. Es gab einen Sommer, eine Regenzeit und einen Winter. Man sah deutlich, wie das Neujahr mit seiner Gefolgschaft an Tagen ankam und wie das alte abtrat. Am Ende meiner Pubertät aber stand ich vor einer Krise.

Dieselben Bäume kamen mir nicht mehr so groß und grün vor, meine Augen vermochten nicht die Himmelsbläue zu begreifen. Die Vögel und Regenbögen bewegten nichts in mir. Die Zeit schrumpfte, die Wochen und Monate waren nicht mehr so lang. Meine Wahrnehmung der Umwelt und der Mitmenschen war stumpf geworden. Ich verstand nicht, wie und warum sich alles so verändert hatte, welchen Fehler ich möglicherweise begangen hatte. Bei Menschen und in Büchern war ich auf der Suche nach einer Antwort. Aber in ihnen fand ich nicht einmal meine Frage wieder.

In jenen Tagen lebte ich in Hyderabad in Indien. Auf dem Heimweg vom Junior College besuchte ich oft meinen Onkel, Dr. Aripirala Vishwam, um ihm meine neuesten Gedichte vorzulesen. Mein Onkel freute sich immer über meinen Besuch, denn auch er trug mir gerne seine Gedichte vor. Bei einem solchen Besuch sah ich einmal im Regal hinter seinem Sofa Krishnamurtis »Commentaries on Living: First Series«. Ich lieh mir das Buch aus und las es. Zu meiner Überraschung entdeckte ich, daß meine Leitfrage bei Krishnamurti eine große Rolle spielte. In diesem Buch fand ich noch keine Lösung für meine krisenhafte Situation. Ich konnte aber verstehen, wie es dazu gekommen war, daß die Farben des Regenbogens in meiner Wahrnehmung nicht mehr so lebhaft waren.

Es blieb zunächst bei dieser einen Begegnung mit Krishnamurti. Erst als ich an der Osmania University mit meinem Philosophiestudium begann, kam ich wieder auf ihn zurück. Bei der Beschäftigung mit Edmund Husserls Phänomenologie fiel mir auf, daß Krishnamurti sehr »phänomenologisch« denkt – mit dem Unterschied, daß seine Themen und Vorgehensweisen nicht akademisch geprägt sind. Ich hatte sogar den Verdacht, Krishnamurti habe stillschweigend vieles von Husserls Phänomenologie übernommen. Ich träumte davon, Husserl und Krishnamurti intensiv zu untersuchen und zu vergleichen. Diesen Traum verwirklichte ich 1989–1995 mit meiner Promotion an der Ludwig-Maximilians-Universität, München. Meine Achtung vor Krishnamurti ist dadurch um ein Vielfaches gestiegen. Krishnamurti denkt zwar phänomenologisch, hat aber nicht Philosophie, geschweige denn Husserls Phänomenologie studiert. Krishnamurti hatte nicht einmal einen Schulabschluß. In dieser Zeit bin ich zu dem Schluß gekommen, daß Krishnamurti einer der wichtigsten Philosophen unseres Jahrhunderts und der einzige originelle Philosoph ist, den Indien seit Ende des Mittelalters hervorgebracht hat.

Die Lektüre von Krishnamurtis Werken bereitet den meisten Lesern aus vielen Gründen eine große Freude. Seine Themen sind lebensnah, seine Gedanken unkompliziert und einfach nachzuvollziehen. Anders als viele Philosophen spricht er eine klare Sprache. Das ist vielleicht darauf zurückzuführen, daß er keine akademische Ausbildung hatte, daß sein Publikum zum größten Teil nicht aus akademischen Kreisen stammte und daß er sich mit Themen beschäftigte, die das Leben der Menschen direkt betreffen. Auch wenn er mit berühmten Wissenschaftlern Gespräche führte, blieben seine Sprache und seine Gedanken einfach: frei von Fachtermini und zum Mitdenken einladend.

Trotzdem ist Jiddu Krishnamurtis Philosophie aus mehreren Gründen nicht einfach zu verstehen. Manchmal scheint er sich zu widersprechen; seine Gedanken scheinen den Zusammenhang zu verlieren. Bisweilen ist es schwierig, seine Stellungnahme klar zu erkennen. Dies gilt gerade für die wichtigen Themen wie Gott, übersinnliche Kräfte, Wiedergeburt, Gewaltlosigkeit usw. Um Krishnamurtis Meinungen und Gedankengänge zu solchen Themen mit Genauigkeit feststellen zu können, muß man das Gesamtwerk untersuchen und die Zusammenhänge selbst herstellen, was eine philosophische Schulung und eine gewisse Hartnäckigkeit voraussetzt. »Hartnäckigkeit«, weil seine Gedanken sich in seinen Werken wiederholen und diese Wiederholungen den Leser enttäuschen und entmutigen können.

Das vorliegende Buch beruht zum Teil auf den Ergebnissen meiner langjährigen Beschäftigung mit Krishnamurtis Werken im Zuge meiner Promotion. Ich glaube die innere Logik und die Rationalität seiner Lehre erkannt zu haben und versuche hier, seine gesamte Lehre für den Leser verständlich darzustellen. Immer verweise ich dabei auf die Quellen, damit der Leser gelegentlich darauf zurückgreifen und sich seine eigene Meinung bilden kann.

An dieser Stelle möchte ich betonen, daß Krishnamurti ein Philosoph ist und daß seine Werke einer kritischen Diskussion und Auswertung bedürfen. Diese aktive Auseinandersetzung mit seinem Gedankengut entspricht einem Wunsch, den Krishnamurti selbst kurz vor seinem Tod geäußert hat: »Wenn ich mich daranmache, das zu studieren, was Krishnamurti sagt, so möchte ich es untersuchen, befragen, anzweifeln; nicht nur irgend etwas lesen und mich verziehen. Ich werde nicht lesen, um alles auswendig zu lernen.«* (Lutyens 1991: 122)

Krishnamurtis eigene Aussage, er habe weder eine neue Philosophie noch neue Theorien begründet, darf man nicht wörtlich nehmen. Da sich Krishnamurti philosophischer Themen annimmt – wie Freiheit, Wahrheit, Zeit, Denken, Bewußtsein, Angst, Gott, Religion –, da seine Aussagen auf Logik und Rationalität beruhen und sich einer klar erkennbaren philosophischen Methode bedienen, kann man ihn nur als Philosophen betrachten. Als solcher kann Krishnamurti entmythisiert und aus den esoterischen Kreisen erlöst werden. Inwieweit Krishnamurti eine einmalige Erscheinung in der Geschichte ist, kann allein auf der Basis einer kritischen Auseinandersetzung mit seinem Werk entschieden werden. Dieses Buch soll den Grundstock dazu liefern.

Wenn das vorliegende Buch den Leser dazu veranlaßt, Krishnamurtis Werke mit kritischen Augen zu betrachten und ihn erst danach entweder abzulehnen oder zu »verehren«, dann hat es für mich sein Ziel erreicht.

Der erste Teil dieses Buches beginnt mit einer kurzen Darstellung der interessanten Lebensgeschichte Krishnamurtis; ihr folgt der zweite Teil, der seine Lehre nach gewissen Themen geordnet präsentiert. Der dritte Teil versucht, seine Lehre im Lichte der Tradition zu betrachten, und vergleicht sie mit traditionellen philosophischen Anschauungen des Ostens sowie des Westens, um festzustellen,

---

* Deutsche Übersetzungen der Krishnamurti-Zitate vom Autor.

worin ihre Einmaligkeit liegt und was für Gemeinsamkeiten sie mit anderen teilt.

An dieser Stelle danke ich Helga Klein-Lauw und besonders Carmen Greiff. Das Buch ist Sainath Maharaj gewidmet.

München, Oktober 1996

I. Leben

1. Zu Füßen des Meisters

»Der Junge war liebevoll, leer, nicht intellektuell, hatte Freude am Sport. Das Wichtigste darunter ist die Leere. Wie konnte das leere Bewußtsein zu der Lehre kommen?«

(Lutyens 1983: 226, Krishnamurti über sich)

§ 1 Frühe Kindheit

Jiddu Krishnamurti kam am 12. Mai 1895 als achtes Kind einer kinderreichen Familie in Indien zur Welt. Da auch Krishna, eine Inkarnation Vishnus, als achtes Kind zur Welt kam, ist es in Indien Tradition, das achte Kind, sollte es ein Sohn sein, nach Krishna zu nennen. Krishnamurtis Geburtsort, Madanapalli, ist ein kleines Dorf im Distrikt Chittūr im heutigen Bundesstaat Āndhra Pradesch. Chittūr bildet mit den vier anderen Distrikten Kadapa, Karnūl, Anantapuram und Bellari die Region Rāyala Sima. Rāyala Sima ist seit eh und je berühmt für die Heiligen, die dort gelebt und gelehrt haben. Hier lebte unter anderem der Heilige Wīrabrahmēndra aus dem Mittelalter, der wegen seiner Kālajñāna, Prophezeiungen, oft mit Nostradamus verglichen wird. Auch heute ist diese Region reich an heiligen Männern und Frauen. Sathya Sāyi Bāba von Puttaparti ist ein im Westen sehr bekanntes Beispiel dafür.

In Āndhra Pradesch wird gewöhnlich der Vorname nach dem Nachnamen genannt. »Jiddu« ist also der Familienname Krishnamurtis. Die Jiddus waren orthodoxe Welanāti Brahmanen. Welanāti Brahmanen werden in der traditionellen Gesellschaft der Āndhras zur Priesterschaft und

Lehrerschaft ermächtigt, und sie beschäftigen sich meistens mit dem sakralen Wissen. Auch Krishnamurtis Vorfahren waren Gelehrte der heiligen Schriften Indiens. Die Ankunft der Briten und ihr zunehmender Einfluß im 18. und 19. Jahrhundert hatte jedoch die Strukturen der traditionellen Gesellschaft Indiens verändert. Die Berufe wurden von den Kasten langsam abgekoppelt. Früher deckten die einheimischen Handwerksberufe – wie Eisenschmiede, Silber- und Goldschmiede, Weber, Schuster – den umfangreichen Bedarf des Fürsten, seiner Adligen und ihrer Armeen. Unter der Schirmherrschaft der pompösen Aristokratie und ihrer großen Harems fanden sie ein reiches Auskommen. Die Briten als die neuen Herrscher hatten einen ganz anderen Bedarf. Sie unterstützten die einheimische Industrie mit ihren Arbeitern nicht mehr, da ihr Interesse und ihre Sympathie ihrem eigenen Heimatland galten. Den einheimischen Berufen wurde der Boden unter den Füßen entzogen.

Die Brahmanen waren früher am Hof der Adeligen als Lehrer, Priester oder Minister tätig. In der veränderten politischen Situation mußten auch sie sich umstellen. Viele von ihnen nahmen die westlichen Bildungsmöglichkeiten in Anspruch, um in der Regierung der neuen Herrscher tätig sein zu können. So waren auch Krishnamurtis Vater und Großvater Regierungsbeamte, blieben aber gleichzeitig in ihrer Tradition verwurzelt. Wie auch einige andere Brahmanen ihrer Zeit, waren sie einerseits den Veränderungen in der Welt ausgesetzt, mit der sie immer wieder Kompromisse schließen mußten, andererseits waren sie ihrer Tradition verpflichtet: Ihr Leben war eine Gratwanderung.

Krishnamurtis Mutter hieß Sandschiwamma. Sie war sehr gläubig, wie es für viele Angehörige ihrer Kaste üblich war. Diese Frauen blieben für lange Zeit von den Umwälzungen der Gesellschaft und Politik verschont, und so waren sie in neuer Zeit die eigentlichen Hüterinnen und Trägerinnen der indischen Tradition und Kultur. In den ersten

Lebensjahren lernen die Brahmanenkinder die Sitten und Bräuche von ihren Müttern, die ihnen auch die Geschichten aus den heiligen Schriften nahebringen. Auch Krishnamurti nahm vieles von seiner Mutter auf.

Krishnamurti war ein krankes und schwächliches Kind. Die Schule konnte ihn nicht begeistern, im Unterricht war er desinteressiert und verträumt. Seine Lehrer hielten ihn für geistig zurückgeblieben und prügelten ihn häufig. Sein jüngerer Bruder Nityananda war dagegen sehr klug und kümmerte sich bereits von früher Kindheit an um Krishnamurti.

So ging Krishnamurti ungern in die Schule und blieb meistens zu Hause. Später schrieb er, diese Zeit sei die glücklichste seines Lebens gewesen (Jayakar 1988: 19). An solchen Tagen ging er vormittags in den Gebetsraum, wo seine Mutter ihre täglichen Zeremonien vollzog. Jeder Brahmanen-Haushalt enthält ein Zimmer, in dem nur gebetet wird, in dem sich der Altar befindet und Bilder von Göttern und Göttinnen an der Wand hängen. Nach den Zeremonien unterhielt sich Sandschiwamma mit ihrem Sohn über religiöse Fragen wie Karma oder Wiedergeburt und las ihm aus dem Rāmāyaṇa, Mahābhārata und anderen heiligen Schriften vor. Krishnamurti selbst kam im Gotteszimmer zur Welt, was eine Seltenheit ist. Die orthodoxen Hindus betrachten den Geburtsvorgang als eine Verunreinigung. Daher findet eine Entbindung nie im Gebetszimmer statt. Aber Sandschiwamma hatte eine Vorahnung, daß sie ein außergewöhnliches Kind gebären würde. So begab sie sich für die Entbindung ins Gebetszimmer. Auch später blieb sie der Überzeugung, daß Krishnamurti eine große Persönlichkeit sein würde. Sie sagte immer, seine Hände hätten heilende Kraft (Jayakar 1988: 20).

Wie es unter orthodoxen Brahmanen nach der Geburt eines Kindes üblich ist, bat Krishnamurtis Vater Nārāyṇayya einen Astrologen, Kumāra Shrautulu, um die Erstellung und Deutung von Krishnamurtis Horoskop. Der

Astrologe verkündete, Krishnamurti werde ein Weltlehrer. Hier gibt es einige Ähnlichkeiten zu Buddhas Leben: Auch Buddhas Mutter hatte Vorahnungen vor seiner Geburt; und der Hofastrologe sagte Buddhas Vater voraus, daß sein Sohn ein Weltherrscher oder ein Weltlehrer sein würde. Shrautulus Vorhersage war für Krishnamurtis Vater ein Rätsel – wie sollte jemand, der in der Schule als geistig behindert galt und am Lernen kein Interesse zeigte, jemals ein Weltlehrer werden? Diese Frage stellte er dem Astrologen immer, wenn er ihm begegnete. Der Astrologe wiederholte als Antwort stets seine Vorhersage.

Es ist Krishnamurtis Mutter zu verdanken, daß sich seine Hellsichtigkeit bereits früh entfaltete. Sie konnte die Aura der Menschen und die Farben der Aura sehen, auch wenn sie ihre Bedeutung nicht verstand. Auf Krishamurtis Frage, warum Gott Krishna blauhäutig dargestellt werde, antwortete sie einmal, weil seine Aura blau sei – eine interessante, ungewöhnliche Antwort! Die Mutter traf sich oft mit ihrer verstorbenen Tochter an einem bestimmten Platz im Garten. Manchmal nahm sie Krishnamurti mit, und nach einiger Zeit gelang es ihm, seine Schwester zu sehen. Als seine Mutter nach einigen Jahren starb, konnte Krishnamurti auch sie sehen.

Aus jener Zeit wird noch von drei weiteren Eigenschaften berichtet, die für Krishnamurtis Persönlichkeit bestimmend sind: seiner Selbstlosigkeit, seiner Großzügigkeit und seiner Begeisterung für die Mechanik. Er kam von der Schule immer mit leeren Händen zurück, da er seine Tafel und die Hefte armen Mitschülern geschenkt hatte (Jayakar 1988: 4). Früher war es in Indien üblich, daß Bettler von jedem Haushalt kleine Mengen Getreide oder auch Essen erhielten, wenn sie morgens oder abends vor dem Haustor standen und nach Almosen (Bhikṣa) riefen. Bei solchen Gelegenheiten war Krishnamurti sehr großzügig und schenkte einem einzigen Bettler Mengen, die für mehrere Bettler vorgesehen waren. Dann lief er zu seiner Mutter zurück und verlangte noch mehr. Krishnamurti ging auch später in seinem Leben mit Geld oder seiner Hilfe sehr großzügig um – eine Eigenschaft, die seinem Mitarbeiter Rajgopal Schwierigkeiten bereitete (Sloss 1993: 128). Genauso wichtig war sein Interesse an der Technik. Es wird aus seiner Kindheit berichtet, daß er sich einmal den ganzen Tag voller Konzentration mit einer Uhr beschäftigte. Er nahm sie auseinander und baute sie wieder zusammen. Dieses Interesse begleitete Krishnamurti sein ganzes Leben.

Als Krishnamurti zehneinhalb Jahre alt war, starb seine Mutter. Bis dahin hatte sich sein ganzes Leben um sie gedreht. Auch später sehnte er sich immer wieder nach ihr. Als er in seinen »mystischen« Erfahrungen sein Bewußtsein verlor, rief er nach ihr oder hielt die Frau, die gerade anwesend war, für seine Mutter.

Als Krishnamurtis Vater Nārāyṇayya 1907 in den Ruhestand trat, mußte er sich als Witwer mit einer kleinen Pension um seine vier Söhne und einen Neffen kümmern. Er schrieb Annie Besant, der damaligen Präsidentin der Theosophischen Gesellschaft (T. G.), deren Mitglied er seit 1882 war, und bot ihr seine Dienste an. 1909, als einer ihrer Mitarbeiter in Adyar eine Schreibkraft brauchte, zog die Familie nach Adyar, damals ein Vorort von Madras, wo sich der Hauptsitz der T. G. befand.

§ 2 Die Theosophische Gesellschaft

Die T. G. ist eine internationale Vereinigung. Ihre Hauptziele sind die universelle Bruderschaft aller Menschen, das vergleichende Studium der Religionen, Philosophien und Wissenschaften, die Erforschung der Naturgesetze und die Erforschung der verborgenen Kräfte im Menschen. Gegründet wurde sie im Jahre 1875 von Helena Petrovna Blavatsky (1831–91) und Oberst Steel Olcott (1832–1907) in den USA. Um das Jahr 1878 wurde der Hauptsitz nach

Indien verlegt, da Indien für okkulte Aktivitäten geeigneter war als Amerika. Die Gesellschaft siedelte sich zuerst in Bombay an und wechselte vier Jahre später nach Adyar (Madras) in Südindien. Innerhalb kurzer Zeit wurde die T. G. populär. Die ideelle und finanzielle Unterstützung, die sie in internationalen wohlhabenden Kreisen fand, war zum einen sicherlich dem Charisma von Blavatsky und ihren Mitarbeitern zuzuschreiben. Zum Teil ist es auch als eine Gegenreaktion auf den krassen Materialismus der Naturwissenschaften der Neuzeit zu verstehen wie auch als eine Antwort auf die »allgemeine Unzufriedenheit mit der erkünstelten Theologie der verschiedenen Kirchen« und »Sekten« (Blavatsky 1922: 27). Die T. G. sprach Gläubige wie Ungläubige gleichermaßen an, beide waren hier willkommen (Sloss 1993: 9). Auch in Indien war die T. G. sehr populär, da ihre Mitglieder im Gegensatz zu den kolonialen Herrschern Indiens Traditionen und seine heiligen Überlieferungen zu schätzen wußten und sich mit ihnen beschäftigten. Die spätere Präsidentin der T. G., Annie Besant, kämpfte sogar gegen die Briten um Indiens Unabhängigkeit.

Die Lehre der T. G. besagt, daß die Seelen sich durch verschiedene Leben hindurch entwickeln und dadurch an Vollkommenheit gewinnen, um schließlich vom Rad des Karmas erlöst zu werden. Auf einer bestimmten Stufe der Entwicklung seien die Seelen fähig, den Weg der Jüngerschaft anzutreten, welcher sie zu Adepten oder vollkommenen Wesen werden ließe. Die Adepten bildeten die »Große Weiße Bruderschaft«, die die Welt lenke. Meister Moriya und Meister Kūthūmi seien zwei dieser Adepten, die sich um die Angelegenheiten der T. G. kümmerten. Obwohl uralt geworden, lebten die beiden Meister immer noch in ihren physischen Körpern in Tibet. Blavatsky behauptete, diese Meister in ihren physischen Körpern in Tibet gesehen zu haben. Es sei aber nicht nötig, nach Tibet zu reisen, um den Meistern zu begegnen. Man könne sie auch auf der astralen Ebene treffen. Einige Mitarbeiter der

T. G. behaupteten, sie hätten häufigen Kontakt mit den Meistern und erhielten von ihnen Botschaften.

Der Lehre zufolge steht über den Adepten in der Hierarchie Maitreya, der Weltlehrer, der sich zweimal inkarnierte: einmal im Osten als Krishna und einmal im Westen als Christus. In jeder Inkarnation habe er die Aufgabe gehabt, der Welt eine neue Religion zu stiften (Lutyens 1975: 11). Maitreya ist so etwas wie ein buddhistischer Messias, der auf die eigene Erlösung so lange verzichtet, bis er allen Menschen zur Erlösung verholfen hat. Der Sanskrit-Name Maitreya bedeutet »der Freundliche«. Über Maitreya steht der Buddha und über diesem der Sanatkumaara. Die Hierarchie der geistlichen Wesen macht deutlich, daß die theosophische Lehre eine Zusammensetzung verschiedener Religionen ist. Blavatsky selbst meinte, die Lehre wäre die Essenz aller Religionen (Blavatsky 1955: xxi). Die T. G. glaubte, die Menschheit sei wieder reif für eine neue Religion; Maitreya werde bald wieder in einen Menschen herabsteigen, den er als sein Vehikel verwenden würde.

Krishnamurtis Eltern hatten eine langjährige Beziehung zur T. G. Nārāyṇayya, Krishnamurtis Vater, organisierte bei sich zu Hause regelmäßige Treffen, bei denen die Lehren der T. G. studiert wurden. Seine Mutter erzählte ihm oft von der T. G. und auch von Annie Besant, der späteren Präsidentin der T. G., deren Bild im Gebetszimmer der Familie Jiddu hing.

Annie Besant (1847–1933) wurde nach dem Tod von Olcott im Jahre 1907 Präsidentin der T. G. Schon in jungen Jahren engagierte sie sich als Kämpferin für die Menschenrechte, als Gewerkschaftlerin und Sozialistin. Sie setzte sich besonders für die Rechte der Frauen ein und kämpfte für die Geburtenkontrolle. Blavatskys Werk »Die Geheime Lehre« hatte Annie Besants Weltanschauung so sehr verändert, daß sie sich ganz der T. G. zuwandte. 1893 zog sie nach Indien, das zu ihrer zweiten Heimat wurde. Sie lernte dort Sanskrit, um die heiligen Schriften besser zu verstehen. Annie Besant war sehr redegewandt. Aus Begeisterung über eine ihrer Reden wurde der junge Nehru (der später der erste Premierminister Indiens wurde) Mitglied der T. G. und ließ sich von ihr initiieren. Mit der Zeit wandte sich Annie Besant überwiegend Indiens Unabhängigkeitskampf, den Reformbewegungen und der Bildung zu. Aus diesem Grund war sie, was die Führung der T. G. betraf, zunehmend auf ihre Mitarbeiter angewiesen. Diese Mitarbeiter waren nicht immer selbstlos. Sie versuchten manchmal, die T. G. zu sehr durch ihre eigenen Vorstellungen zu prägen, was später unheilsame Folgen hatte.

Einer dieser Mitglieder und Annie Besants engster Vertrauter war der Brite Charles Webster Leadbeater (1847–1934). Sein Interesse an der Esoterik führte den anglikanischen Geistlichen zur T. G. Als er Blavatsky kennenlernte, kam er vollkommen unter ihren Einfluß und brach seine Beziehung zur anglikanischen Kirche und zu England ab. Er wurde Blavatskys Schüler und folgte ihr nach Indien. Hier beschäftigte er sich mit übersinnlichen Kräften und der Erforschung der Wiedergeburt.

Leadbeater war in den Kreisen der T. G. für seine Hellsichtigkeit bekannt. Er und Annie Besant betrieben gemeinsam esoterische Studien. Sie erforschten ihre eigenen vergangenen Leben sowie die Leben ihrer Schüler (Lutyens 1975: 14). Annie Besants Guru war Meister Moriya, während Meister Kūthūmi Leadbeaters Guru war. Nach ihren Aussagen nahmen diese Meister ihre Schüler erst probeweise als Novizen an. Wenn die Schüler die Probezeit erfolgreich bestanden hatten, dann initiierten die Meister sie in höhere Stufen der Spiritualität. Leadbeater und Annie Besant versicherten, die Meister hätten sie in die höheren Ebenen der Spiritualität initiiert. Sie behaupteten auch, daß sie ihre Meister in ihren astralen Körpern besuchten. Mit der Zeit wucherte die Zahl der angeblichen Initiationen unter den führenden Mitgliedern der T. G. so sehr, daß viele ihre Glaubwürdigkeit in Frage stellten.

Leadbeater war einerseits für seine Fähigkeiten bekannt, andererseits wurde er mehrmals in Sexualskandale verwickelt, was die T. G. ins Gerede brachte und sie in Spaltungen stürzte. So mußte er bereits vor 1907 einmal die T. G. verlassen. Das Beweismaterial war so erschütternd, daß Annie Besant ihre okkulten Erfahrungen, die sie mit Leadbeater gemeinsam gemacht hatte, anzweifelte. Leadbeater aber gewann durch Teilgeständnisse und Versprechungen Annie Besants Vertrauen zurück, worauf sie ihre Meinung änderte, ihn zum Opfer einer Verleumdung erklärte und ihn schließlich in ihrer Funktion als Präsidentin wieder in die T. G. aufnahm. Daraufhin kehrte Leadbeater zurück nach Adyar, wo er seine esoterischen Forschungen fortsetzte.

Kurz vor ihrem Tod im Jahre 1891 hatte Blavatsky einer Gruppe von Anhängern der Theosophie erklärt, das eigentliche Ziel der T. G. bestünde darin, die Menschheit auf die Ankunft des Weltlehrers vorzubereiten. Der Weltlehrer, der Maitreya oder der Messias, wie er auch in der Theosophie hieß, werde einen geeigneten Menschen als Vehikel benutzen, indem er das Bewußtsein des ›Fahrzeugs‹ einnehme. Annie Besant und Leadbeater hatten sich die Entdeckung des Fahrzeugs zur Aufgabe gemacht, wobei Leadbeater die aktivere Rolle spielte. Einige Jahre bevor Annie Besant Präsidentin der T. G. wurde, glaubte Leadbeater während einer Vortragsreise in den USA das »Fahrzeug« in dem vierzehnjährigen Hubert van Hook entdeckt zu haben. Annie Besant überredete dessen Mutter, mit ihrem Sohn nach Indien zu kommen, wo dieser eine spezielle Erziehung erhalten solle. Als Hubert mit seiner Mutter in Adyar ankam, erwartete ihn eine böse Überraschung: Leadbeater hatte inzwischen in Krishnamurti ein neues »Fahrzeug« für den Weltlehrer entdeckt.

§ 3 Die »Entdeckung«

In Adyar wohnte Nārāyṇayya mit seiner Familie in einem heruntergekommenen kleinen Häuschen neben dem Gelände der T. G. Von dort aus gingen Krishnamurti und sein Bruder Nitya oft mit ihren Freunden aus der Nachbarschaft zum Strand, wo auch Leadbeater und seine Mitarbeiter nachmittags badeten. Dort wurde Leadbeater eines Tages auf Krishnamurti aufmerksam. Er sah, daß Krishnamurti von einer großen Aura der Selbstlosigkeit umgeben war. Eine solche Aura hatte Leadbeater nie zuvor in seinem Leben gesehen. Er prophezeite, daß Krishnamurti der Weltlehrer sein würde, und berichtete, Meister Kūthūmi habe ihm die Botschaft übermittelt, daß die Anwesenheit der Familie Jiddu bei der T. G. einem bestimmten Ziel diene und daß sich die T. G. um die Erziehung der beiden Brüder kümmern solle.

Leadbeater untersuchte Krishnamurtis vergangene Leben, während Krishnamurti auf einem Sofa lag und Leadbeater seine Hand auf Krishnamurtis Kopf legte. Die Ergebnisse seiner Untersuchungen veröffentlichte er in der Zeitschrift »Der Theosophist«. Krishnamurti sei, so hieß es dort, teils als Mann, teils als Frau inkarniert gewesen. Leadbeater, Annie Besant, Blavatsky und Nitya hätten immer wieder mit anderen »Dienenden« eine Rolle in seinen Leben gespielt und seien so mit Krishnamurti verbunden. Da die genannten Personen nicht immer dasselbe Geschlecht hatten, bekamen sie von Leadbeater keine bürgerlichen Namen, sondern die Namen der Sterne. Krishnamurti wird nach dem hellen Stern in den Plejaden »Alkyone« genannt. Die Lebensgeschichten wurden bis 100 000 Jahre v. Chr. zurückverfolgt, wo Alkyone als »Erstgeborener unserer Rasse« (Besant/Leadbeater 1930: 10) identifiziert wurde. Dem Bericht zufolge inkarnierte sich Alkyone in verschiedenen Erdteilen einschließlich Indien. Um 630 v. Chr. sei er der Sohn eines brahmanischen

24

Priesters in Radschagriha (Nordindien) gewesen. Als Verwandte seinen Sohn vergifteten, hätte ihn Trauer überfallen. Dann sei er Buddha begegnet, zur Liebe und Barmherzigkeit bekehrt und von Buddha als Schüler angenommen worden. Sein Cousin Mizar, so heißt Krishnamurtis Bruder Nitya in diesen Darstellungen, wäre auch gerne Buddhas Schüler geworden. Buddha hätte aber diesen Wunsch abgelehnt.

In den »Jātaka Katha«, den buddhistischen Schriften, werden die früheren Lebensgeschichten Buddhas erzählt, wie er stufenweise seine letzte Inkarnation erreichte und zum Schluß als Siddhartha Nirwāṇa erlangte. Leadbeater scheint durch diese Geschichten von Alkyone einen ähnlich mystischen Hintergrund auch für Krishnamurti anzulegen. Die Schwierigkeit liegt darin, daß man diese Schilderungen weder beweisen noch widerlegen kann – sie bleiben Glaubenssache. Auffallend ist, daß die Eltern von Alkyone in den meisten seiner indischen Inkarnationen ungünstige Charakterzüge haben. Anders als Annie Besant (Herakles), Leadbeater (Sirius), Nitya (Mizar), Arundale, Leiter des »Central Hindu College« in Vāraṇāsi und wichtiges Mitglied der T. G. (Fides) oder Blavatsky (Vajra), die stets mit Krishnamurti (Alkyone) verbunden sind, scheinen Krishnamurtis indische Eltern keine wichtige Rolle zu spielen. Sein Bruder dagegen hatte nach Leadbeater eine bedeutende Vergangenheit.

Diese Lebensgeschichten erregten große Aufmerksamkeit unter den Theosophen. Sehr besorgt wollte jeder wissen, ob er darin vorkomme oder nicht. Und je nachdem fühlte man sich dann geehrt oder war enttäuscht.

Annie Besant stimmte Leadbeaters Entdeckung mit Begeisterung zu und stellte ihre Überzeugung, daß Krishnamurti das Vehikel Maitreyas sei, in ihrem ganzen Leben nie wieder in Frage. Selbst im Jahre 1929, als sich einige Mitarbeiter entschieden gegen Krishnamurti stellten, ließ sie sich nicht erschüttern. Dieses Vertrauen ist zum einen sicher auf die Tatsache zurückzuführen, daß Annie Besant von den parapsychologischen Fähigkeiten Leadbeaters überzeugt war. Aber Pupul Jayakar, eine der engen Vertrauten Krishnamurtis und seine Biographin, macht uns noch auf einen anderen Punkt aufmerksam, welcher wichtiger zu sein scheint. Pupul Jayakar stellte in ihren Untersuchungen fest, daß Annie Besant um 1907, also kurz bevor Krishnamurti von Leadbeater »entdeckt« wurde, in Vāraṇāsi mit Gelehrten und Mystikern in Verbindung stand, die innerlich von der T. G. unabhängig waren. Der Gelehrte Jagannath Upadhyaya, ein Brahmin Pandit aus Vāraṇāsi, vertrat die Meinung, daß die T. G. die meisten ihrer esoterischen Lehren aus dem tantrischen Text »Kāla Chakra Tantra« geschöpft habe. Swami Visuddhānanda und sein Jünger Gopināth Kavirāj erzählten Annie Besant von der bevorstehenden Ankunft Maitreyas in einer menschlichen Gestalt. Und nach dem Swami sollte der vorbestimmte Körper der eines Krishnamurti sein. Nach vielen Jahren, 1985, entdeckte Jagannath Upadhyaya diesen tantrischen Text wieder und in ihm auch die Vorhersage über Krishnamurti. Upadhyaya erzählte es auch Krishnamurti. Krishnamurti rätselte später mit seinen Freunden über diese Vorhersage (Jayakar 1988: 30–31).

Nārāyṇayyas Einstellung zu Leadbeaters Initiationen und astralen Reisen war ambivalent. Er schien sich auf die Zukunft seiner Söhne zu freuen, auf die die T. G. ihre ganze Aufmerksamkeit richtete und in denen sie eine Hoffnung für die Menschheit sah. Anderseits beunruhigten ihn die Skandale und die Gerüchte, die Leadbeater bis nach Indien verfolgten. So gab es Irritationen zwischen den beiden. Leadbeater versuchte mit der Macht seiner Position als führende Persönlichkeit der T. G., Krishnamurti aus Nārāyṇayyas Obhut zu entreißen, während Nārāyṇayya seinen Sohn vor einem mächtigen Menschen zu schützen versuchte, dem man Homosexualität bescheinigte. Die Meister mit ihren Botschaften und Briefen standen immer auf Leadbeaters Seite. Leadbeater zufolge bezeichneten sie den Vater in einer Botschaft als »schwarze Kraft«: Die schwarze Kraft ist unerwünscht, sie ist im Kontrast zur »Großen Weißen Bruderschaft« der T. G. zu verstehen. Schritt für Schritt wurde der Vater sowie sein Einfluß auf seine Söhne ausgeschaltet. Aus diesen auserwählten Knaben sollten nach Leadbeaters Willen englische »Gentlemen« hervorgehen, da die englischen »Gentlemen« in seinen Augen den Gipfel der Menschheitsentwicklung darstellten (Jayakar 1988: 27). Auf mysteriöse Weise erhielt Leadbeater immer wieder Mitteilungen und Anweisungen von den Meistern, die bis ins Detail genau beschrieben, wie Krishnamurti und sein Bruder erzogen werden sollten, und sei es, wie sie sich waschen, schlafen oder essen sollten. In einem Brief fordert Meister Kūthūmi Leadbeater dazu auf, die Brüder zu »zivilisieren« und ihnen beizubringen, wie man mit Messer und Gabel ißt, mit Nagel- und Zahnbürste umgeht und in einem Bett schläft (Jayakar 1988: 26). Die Betonung, die Krishnamurti später auf die Körperpflege legte, ist vielleicht auf diese Erziehung zurückzuführen. Bald schlug Annie Besant Nārāyṇayya vor, sie seine Söhne adoptieren zu lassen, damit sie in Europa erzogen werden könnten. Trotz seines Zwiespalts unterzeichnete Nārāyṇayya 1910 das Adoptionsdokument. Er wußte vielleicht noch nicht mit aller Deutlichkeit, daß dieser Akt die Entäußerung seiner Rechte auf seine Söhne und ihre Entfremdung von ihm ein für allemal besiegeln würde. Innerhalb einiger weniger Jahre war die Beziehung der Brüder zur indischen Kultur und selbst zu ihrer Muttersprache Telugu abgerissen.

Nach der ersten Initiation auf der astralen Ebene, bei der Krishnamurti in die »Große Weiße Bruderschaft« aufgenommen wurde, fuhren die Brüder 1910 mit Annie Besant nach Vāraṇāsi. Hier lehrte Krishnamurti vor einer kleinen, auserwählten Gruppe von Theosophen. Auch Buddha lehrte nach seiner Erleuchtung zum ersten Mal in seinem

Leben in Vāraṇāsi. Es fragt sich, ob diese Entsprechung wirklich ein Zufall war. Das Thema, worüber Krishnamurti lehrte, hieß »Die Voraussetzungen der Schülerschaft«. Krishnamurti bezog sich dabei auf Notizen zu seinen Unterweisungen, die er angeblich von den Meistern auf der Astralebene bekommen hatte. Diese Notizen wurden später unter dem Titel »Zu Füßen des Meisters« veröffentlicht und bald in verschiedene Sprachen übersetzt. Sprache und Wortschatz dieses Buches verraten eindeutig Leadbeaters Einfluß. Krishnamurti selbst soll auf Fragen seines Vaters hin gestanden haben, daß nicht er der Autor des Werkes sei und daß man ihm die Urheberschaft zugeschoben habe. Eine Person, die das Gespräch zwischen Krishnamurti und seinem Vater zufällig belauschte und in der T. G. wiedergab, wurde sofort aus dem Gelände der T. G. entlassen (Holroyd 1991: 6).

§ 4 Jugend in Europa

1911 wurde innerhalb der T. G. der »Orden des Sterns im Osten« für diejenigen Theosophen gegründet, die sich für Krishnamurti, also für den kommenden Messias, besonders interessierten. Krishnamurti selbst war das Oberhaupt dieses Ordens.

Im selben Jahr reisten die Brüder Jiddu zum ersten Mal nach Europa. Leadbeater hatte bei Annie Besant darauf gedrängt, daß die T. G. Krishnamurtis Schulausbildung in England fortsetze. Natürlich unterstützte Meister Kūthūmi seinen Vorschlag mit einer entsprechenden Botschaft, welche Annie Besants Zögern beendete.

Die erste Reise der Brüder nach Europa im Jahre 1911 war ein großer Schritt in ihrer »Zivilisierung«. Man ließ schnell europäische Kleider für sie schneidern, und ein Arzt nähte die Ohrenlöcher zu, die bei der Einweihung in die traditionelle Gāyatri-Meditation gestochen worden waren. Als Annie Besant mit den Brüdern in London ankam, wurden sie am Bahnhof von einer Reihe Theosophen erwartet, die Krishnamurtis Lebensgeschichten gelesen hatten und ihn sehen wollten.

Der erste Aufenthalt in Europa dauerte etwa vier Monate. In dieser Zeit lernten die Brüder das kulturelle Leben der Briten kennen und machten Bekanntschaft mit wichtigen Mitgliedern der T. G., wie Emily Lutyens, die ihr Leben Krishnamurti widmete. Die Brüder gingen viel ins Theater, nahmen Reitstunden und trieben Sport. George Arundale hatte einige Monate Urlaub genommen und die beiden als Erzieher nach England begleitet. Von ihm bekamen sie Unterricht in Arithmetik, Algebra, Sanskrit, englischer Sprache und Literatur. Krishnamurti begleitete Annie Besant auf ihren Vortragsreisen und begann selbst Reden zu halten. In dieser Zeit wurde auch entschieden, daß die Brüder in England die Schule besuchen sollten.

Nach ihrer Rückkehr nach Indien nahmen die Brüder an der Jahrestagung der T. G. in Vāraṇāsi teil. Am letzten Tag der Tagung verteilte Krishnamurti an alle Mitglieder des »Ordens des Sterns im Osten« die Mitgliedsurkunden. Krishnamurti stand in der Halle der indischen Abteilung vor den Mitgliedern und überreichte ihnen die Urkunden, während sie in einer Reihe an ihm vorbeigingen. Nachdem die ersten Mitglieder ihre Urkunden erhalten hatten, wurde die Halle plötzlich von einer »ungeheueren Kraft erfüllt, die offenbar aus Krishnamurti hervorquoll«, wie Leadbeater in einem Brief an einen Mitarbeiter schrieb. Als der nächste in der Reihe das spürte, warf er sich Krishnamurti zu Füßen (Lutyens 1975: 55). Daraufhin taten alle dasselbe, mitgerissen von dieser Kraft, und einigen flossen Tränen über die Wangen. Der Höhepunkt war erreicht, als sich auch Nitya Krishnamurti zu Füßen warf. Krishnamurti blieb die ganze Zeit mit großer Selbstbeherrschung und mit Anmut stehen. Er segnete die Mitglieder mit einem Lächeln. Auch später erlebten viele in Krishnamurtis Anwesenheit diese Kraft.

Im Februar 1912 fuhren die Brüder wieder nach Europa. Doch nicht alle Theosophen waren mit Annie Besants Entscheidung, in Krishnamurti das Fahrzeug des Messias zu sehen, einverstanden, geschweige denn davon begeistert. Ihnen erschien offensichtlich der Amerikaner Hubert van Hook der würdigere Kandidat. Annie Besant verlor wegen Krishnamurti einige Freunde, darunter auch Inder. Rudolf Steiner in Deutschland war einer der wichtigsten Mitglieder der T. G., der sich mit Annie Besant über Krishnamurtis Frage stritt. Mit den deutschen Mitgliedern verließ er die T. G. und gründete die anthroposophische Gesellschaft. Steiner schrieb in seiner Autobiographie »Mein Lebensgang« lediglich, daß »ein Hinduknabe« nicht der Messias sein könne (Steiner 1948: 370), erklärte aber nicht, welche Gründe dagegen sprächen. Die Erklärung von Wachsmuth, seinem Biographen, »für ihn war Christus der Gott, der als vollkommenstes Wesen zur Erlösung der Erde heruntergestiegen und darum auch nur einmal in einem irdischen Leibe verkörpert war« (Wachsmuth o. J.: 179), vermag Steiners Einstellung zu Krishnamurti auch nicht zu verdeutlichen. Daß der Messias kommen würde, war eine Vorstellung, die Blavatsky und, seit ihrer Verkündigung kurz vor ihrem Tod 1891, auch Annie Besant und Leadbeater immer vertraten (vgl. Lutyens 1975: 12, auch Jayakar 1988: 22). Aber die Frage scheint Steiner erst dann Ärger zu bereiten, als die Wahl auf Krishnamurti, »einen Hinduknaben«, fällt.

Viele Jahre scheinen Verehrung und Verachtung Krishnamurtis Leben zu bestimmen. Für viele Mitglieder der T. G. war Krishnamurti der kommende Weltlehrer. Sie scheinen auf den Unterschied zwischen dem Fahrzeug des Maitreya und Maitreya selbst nicht geachtet zu haben, verehrten ihn vorbehaltlos und bemühten sich um seine Nähe und seine Gunst. Die reichen Mitglieder beschenkten ihn mit großen Summen Geldes und mit Grundstücken oder Villen für seine Mission. Miss Dodge, eine reiche Anhängerin der T. G., vererbte Krishnamurti 1913 für die Dauer seines Lebens eine Summe von 500 Pfund jährlich. Andererseits hatte Krishnamurti Schwierigkeiten mit seiner Zulassung zu Schulen in England. Das lag zum einen an seiner unzureichenden Begabung sowie an seinem Ruf, ein Messias zu sein, der Andersdenkende irritierte und gegen ihn einnahm. Zum Teil waren aber auch rassistische Gründe ausschlaggebend. Ein Schulleiter in Balliol, Oxford, zum Beispiel verweigerte ihm die Zulassung mit der Begründung, daß er mit einem braunen Messias nichts zu tun haben wolle. In einer anderen Schule (Rochester) verspotteten die Kommilitonen die beiden Brüder und nannten sie »dunkle Teufel«. Rassismus war in dieser Zeit weit verbreitet, obwohl die indischen Soldaten auf der Seite der Engländer im Ersten Weltkrieg kämpften (Jayakar 1988: 40).

Von Februar 1912 bis Ende 1921 lebten die Brüder mit Annie Besant in Europa. Die erste Station ihres Aufenthaltes war Italien, wo sie Privatunterricht von Leadbeater bekamen – sehr zum Entsetzen ihres Vaters. Nārāyṇayya hatte in die Adoption seiner Kinder sowie in ihre europäische Erziehung in England nicht nur deswegen eingewilligt, damit sie eine bessere Zukunft hätten. Er hoffte auch, daß seine Söhne auf diese Weise aus Leadbeaters unmittelbarer Nähe wegkämen. Als Nārāyṇayya erfuhr, daß seine Söhne nach Taormina auf Sizilien gebracht werden sollten, wo Leadbeater als ihr Erzieher auf sie wartete, war er bitter enttäuscht. Entsetzt von diesem Bruch der mündlichen Vereinbarung zwischen ihm und Annie Besant, verklagte er sie vor einem »High Court« in Indien auf die Rückgabe seiner Söhne. Diese Entscheidung muß Nārāyṇayya sehr schwergefallen sein, denn er war, was seinen Lebensunterhalt betraf, von der T. G. abhängig. Den darauf folgenden Prozeß verlor Annie Besant, und die Richter ordneten die Rückgabe der Brüder an. Aber dann brachte Annie Besant ihren Fall vor das »Privy Council«, ein parlamentarisches Gremium in London, und gewann schließlich den Prozeß doch. Für Annie Besant als führende Politikerin und Präsidentin der T. G. mit den enormen Mitteln, die ihr zur Verfügung standen, muß der Zugang zum britischen Parlament einfach gewesen sein. Es darf auch niemanden wundern, daß in jener Zeit des Kolonialismus die Bürger der unterworfenen Länder keinen Prozeß gegen die Europäer gewannen. Nārāyṇayya muß sehr darunter gelitten haben. Er verlor nacheinander alle seine engsten Verwandten: zuerst seine älteste Tochter, dann seine Frau und viele andere Kinder. Von seinen zehn Kindern scheinen nicht viele die Kindheit überlebt zu haben. Sein jüngster Sohn Sacchidānanda war geistig behindert. Und die T. G. nahm ihm zwei Söhne, die dazu noch in Skandale verstrickt wurden. Das Gerede unter den Engländern, die in Madras lebten, muß ihn in seiner Hilflosigkeit sehr deprimiert haben. Es ist sehr merkwürdig, daß Krishnamurtis Biographinnen diesem tragischen Aspekt des Prozesses keine Aufmerksamkeit schenken und statt dessen Annie Besants Tapferkeit loben.

Krishnamurtis Versuche, in England das Abitur zu machen und zu studieren, blieben erfolglos. Krishnamurti gelang es nicht, die Reifeprüfungen zu bestehen, während Nitya Jura studierte und ein Barrister wurde. Dennoch war diese Zeit für Krishnamurti nicht ohne Bedeutung. Er bekam Unterricht in allen Fächern, zu denen er in Indien nie Zugang gefunden hatte, und lernte Künstler und Intellektuelle kennen, die seinen geistigen Horizont erweiterten. Er besuchte Vorlesungen an der Londoner Universität und an der Pariser Sorbonne, wo er Philosophie hörte und mit den Werken von Turgenjew, Dostojewski und Nietzsche in Kontakt kam. Und er lernte die guten Sitten der englischen Gesellschaft kennen und schätzen. Ein Bekannter namens Baillie-Weaver machte die Brüder mit dem besten Schneider Londons bekannt, weihte sie in den edlen Geschmack ein und lehrte sie, wie man sich kleidet und wie man die Schuhe putzt. Krishnamurtis äußere Erscheinung war diesem Kontakt zu verdanken. Wenn er später in seinem Leben durch die Londoner Straßen ging, hielten die Leute ihn für einen Prinzen. Und wer ihn besuchen wollte, achtete besonders darauf, mit korrekten Kleidern und geputzten Schuhen zu ihm zu kommen.

Aber auch in anderer Hinsicht war diese Zeit ein wichtiger Abschnitt in Krishnamurtis Leben. Hier geschah es, daß Krishnamurti begann, den Glauben der T. G. in Frage zu stellen. Für seine Bekannten und engen Freunde, die die meiste Zeit seine Gastgeber waren, war Krishnamurti der verheißene Messias. Er brauchte nur in indischen Kleidern zu erscheinen, um seine Anhänger in Verzückung zu versetzen. Auf der anderen Seite sah er, wie schwierig es war, als Inder die Akzeptanz einfacher Menschen zu finden. Diese Schwierigkeit erlebte er am krassesten im Zusammenhang mit seiner Zulassung zur Schule, mit dem Kriegsdienst, den zu leisten er im Ersten Weltkrieg freiwillig anbot, und auf seinen Schiffahrten. Auch in den USA, wo er später lebte, wurde es nicht besser. So wurde er zum Beispiel vom Wirt einer Gaststätte aufgefordert, den Raum zu verlassen. Es ist kein Wunder, daß er in seinen Reden während des Zweiten Weltkrieges seine europäischen und amerikanischen Zuhörer ermahnte, nicht die Deutschen allein wegen des Rassismus zu verurteilen (Lutyens 1983: 61). Er schrieb in einem Brief: »Wem nützt der Kampf gegen die Deutschen, wenn es doch überall in der Welt dasselbe gibt?« (Lutyens 1983: 49)

Diese Erfahrungen, Krishnamurtis wachsendes kritisches Bewußtsein und die Berührung mit westlichen Lebensformen führten dazu, daß er sich von den Glaubensinhalten der T. G. innerlich entfernte. Krishnamurti machte seltener mystische Erfahrungen wie Astralreisen zu den Meistern. Einem Freund erklärte er einmal, daß er durch einen Adepten hindurchgegangen sei, als der Adept ihm erschien. Seitdem erschienen ihm keine Adepten mehr. Er interessierte sich für Golf, Autos und für die feine Gesellschaft und genoß die mütterliche Freundschaft von Emily Lutyens. Diese Freundschaft weckte die Neugier und den Neid anderer Theosophen. Auch zwischen Krishnamurti und Leadbeater gab es Differenzen. Krishnamurti wollte selbständig werden und seinen Lehrer selbst wählen. Das beunruhigte Leadbeater. Bezeichnenderweise tauchte in dieser Situation 1920 ein südindischer junger Brahmane namens Rajagopal in England auf, der Leadbeaters dritte Entdeckung wurde. Auch er sollte ein mögliches Fahrzeug für Maitreya sein.

Nach zehn Jahren entschied Annie Besant, Krishnamurti solle nach Indien zurückkehren, um ihr bei den Aufgaben der T. G. zu helfen. Da Annie Besant die Aufgabe Nityas darin sah, bei Krishnamurti zu bleiben und ihn in seiner Arbeit zu unterstützen, kam auch er nach Indien zurück. Kurz vor der Rückkehr stellten die Ärzte fest, daß Nitya an Tuberkulose litt. Nach der Behandlung und einer Erholungsphase in den Alpen fuhren die Brüder nach Indien, in der Annahme, Nitya sei wieder gesund. Im Dezember 1921 kamen sie dort an und sahen nach zehn Jahren ihren Vater wieder. Ihre Muttersprache Telugu hatten Krishna und Nitya anscheinend ganz vergessen. Sie unterhielten sich mit ihrem Vater auf englisch.

1921, kurz vor seiner Rückkehr nach Indien, verliebte sich Krishnamurti in Holland in ein siebzehnjähriges Mädchen, Helen Knothe. Die Trennung von ihr erlebte er als sehr schmerzhaft. Er schrieb an Emily Lutyens: »... ich bin furchtbar verliebt, und meinerseits ist das ein großes Opfer... ich fühle mich so, als ob es in mir eine schreckliche Wunde gäbe;... ich werde Helen lange Zeit, Gott weiß wie lange, nicht sehen...« (Lutyens 1975: 132). Krishnamurti hatte Helen bei Baron Philip van Erde kennengelernt, als sie mit einem schwedischen Mädchen im Wald um die Wette lief. Helen muß in Krishnamurtis Herzen Liebe auf den ersten Blick entfacht haben. Während seines Aufenthaltes in Holland, der eine Woche dauerte, sahen sich die beiden oft. Krishnamurti fand dabei nicht nur die Gelegenheit, Helen seine Liebe zu erklären, er nahm sie sogar in die Dreiheit auf, die aus seinem Bruder Nitya, Annie Besant und Emily Lutyens bestand (Blau 1995: 58–65). Auch Annie Besant wußte von Krishnamurtis Liebe zu Helen, und wahrscheinlich akzeptierte sie es. Nach Helens eigenen Aussagen nahm diese Liebesbeziehung nie körperliche oder sexuelle Dimensionen an (Sloss 1993: 56).

Vier Monate nach ihrer Ankunft in Indien verreisten die Brüder wieder, diesmal nach Australien, um dort an einer Tagung der T. G. teilzunehmen. Inzwischen hatte sich Leadbeater in Australien niedergelassen. Der Londoner Bischof James Ingall Wedgwood von der Liberalen Katholischen Kirche (auch: Jansenist Church) hatte ihn zum Bischof für Australien geweiht. Bischof Wedgewood selbst wurde von der Londoner Polizei sexuelle Perversion angelastet. Und auch Leadbeater, der in Australien viele Knaben im Alter zwischen 12 und 21 um sich gesammelt hatte, wurde jetzt wieder der Homosexualität beschuldigt und mit dem Vorwurf des sexuellen Mißbrauchs konfrontiert. Das führte zu Streitigkeiten unter den Mitgliedern der T. G. in Australien, die sie in zwei Lager spalteten. Die Gruppe um Martyn, den Generalsekretär der T. G., wollte die Gesellschaft von Leadbeaters Einfluß reinigen und sie zu Blavatskys Theosophie zurückführen, die als die reine Theosophie galt. Martyn ging so weit, daß er Beweismaterial gegen Wedgwood an die Zeitungen weitergab. In den Zeitungen wurde ausführlich über die Sache berichtet, und sie erregte so viel Aufmerksamkeit, daß das Justizministerium sich einschaltete. Leadbeaters Jünger, darunter auch Krishnamurti und Nitya, wurden von der Polizei vernommen. Das waren unangenehme Situationen für die Brüder. Hinzu kamen die ermüdenden Tagungen und die pompösen kirchlichen Rituale, die Leadbeater veranstaltete. Diese Belastungen waren so groß, daß Nityas Tuberkulose erneut ausbrach. Nach einer zehntägigen Pause in den Blue Mountains erholte er sich etwas. Es wurde entschieden, daß Nitya so bald wie möglich wieder in die Schweiz fahren und sich dort auskurieren solle. Da die Fahrt über Indien oder Südafrika für ihn zu heiß gewesen wäre, mußte er über San Francisco fahren. Der Generalsekretär der amerikanischen T. G., A. P. Warrington, der an dieser Tagung in Australien teilnahm, schlug vor, Nitya solle die Reise in San Francisco für drei bis vier Monate unterbrechen und in Ojai, einem hochgelegenen Ort 80 Meilen nördlich von Los Angeles, wohnen. Das Klima des Ojaitales werde dem Patienten guttun. Krishnamurti wollte seinen Bruder begleiten und sich einige Monate lang ausschließlich dem Studium von Philosophie, Religion und Erziehungswissenschaft widmen. Vermutlich hatte die Begegnung mit Indien nach so vielen Jahren in Krishnamurti neue geistige Bedürfnisse und Neugier für diese Fächer geweckt. Annie Besant und Leadbeater stimmten seinem Vorhaben zu. Leadbeater erhielt sogar eine sehr inspirierende Botschaft von Meister Kūthūmi für Krishnamurti. In dieser Botschaft sagte der Meister zu Krishnamurti, daß er auch in ihn die größten Hoffnungen setze, und forderte ihn auf, sein Bewußtsein dem Höheren Selbst zu unterwerfen. Krishnamurti solle Menschen gegenüber tolerant sein und auf das Stück Wahrheit achten, das möglicherweise hinter jeder Ansicht und Methode verborgen sei.

§ 5 Die Kundalini-Erfahrung

Im Jahre 1922 kamen die Brüder in San Francisco an. Wegen einer ärztlichen Beratung für Nitya blieben sie dort drei Tage. Der Arzt meinte, Nityas Zustand sei nicht allzu schlecht und Ojai wäre für ihn der beste Ort, sich zu erholen. Krishnamurti nutzte die Gelegenheit, die Universität Berkeley zu besichtigen. Diese Universität scheint sein Bild von den USA zu prägen. Er lobte das Land in einem

Brief und schrieb, er sehe dort keine Diskriminierung gegen Rassen und Geschlecht, wie er das in Europa erlebt habe (Lutyens 1975: 148). Die Freundlichkeit und die Toleranz der Menschen hier haben vielleicht seine Entscheidung beeinflußt, die meiste Zeit seines späteren Lebens in den USA zu verbringen und sie beinahe zu seiner zweiten Heimat zu machen.

In Ojai lebten die Brüder in einem Cottage, das mitten in Orangenplantagen lag. Das Klima, die Ernährung, die Fürsorge der Gastgeberin Mary Gray und die regelmäßigen Leibesübungen taten den Brüdern gut. Eine Zeitlang hatte Krishnamurti den Eindruck, seinem Bruder ginge es gut. Aber dem war nicht so. Nityas Rückfall war so schwer, daß man für seine Pflege eine Hilfe brauchte. So trat in das Leben der Brüder ein neunzehnjähriges Mädchen, Rosalind Williams. Sie war selbst keine Theosophin, wohl aber ihre Schwester, und es ist nur zu vermuten, daß die Schwester Rosalind zur Pflege eines Tuberkulose-Patienten, der der Bruder eines Messias war, ermutigt hatte.

In Ojai fing Krishnamurti an, wieder ernsthaft zu meditieren – 35 Minuten in der Frühe und 10 Minuten vor dem Einschlafen, wie er Emily Lutyens in einem Brief berichtete. Bald (17. August 1922) machte er eine »mystische« Erfahrung, die sein Leben radikal verändern sollte. Es begann mit einer Beule, so groß wie eine Walnuß, in Krishnamurtis Genick. Am nächsten Tag war Krishnamurti krank. Nach dem Frühstück lag er im Bett, warf sich unruhig hin und her. Er zitterte am ganzen Leib, ballte die Fäuste und knirschte mit den Zähnen wie ein Malariakranker. Er klagte über die Hitze und stöhnte, als hätte er starke Schmerzen. Seine Augen drückten einen ungewöhnlichen Bewußtseinszustand aus. Nach langem schmerzhaften Stöhnen beruhigte er sich, aber beim leisesten Geräusch stöhnte er wieder. In diesem Bewußtseinszustand sprach Krishnamurti von seiner Kindheit in Adyar, von Annie Besant und wußte nicht, wo er war. Er sagte immer wieder, er wolle nach Indien zurückkehren. Manchmal verlangte er, Rosalind möge zu ihm kommen und bei ihm sitzen. So fiel in dieser Zeit auf Rosalind auch die Pflege von Krishnamurti. Sie beruhigte ihn wie eine Mutter. Manchmal klagte Krishnamurti, alles sei sehr schmutzig, und verbot allen, einschließlich Rosalind, in seiner Nähe zu sein. Dieser Zustand erreichte am vierten Tag seinen Höhepunkt. Krishnamurti kam aus dem Haus, setzte sich unter einen Pfefferbaum, sprach ein Gebet zu Buddha und meditierte. Es herrschte große Stille. Nitya, Rosalind und Warrington, die zugegen waren, spürten die »große Anwesenheit des Bodhisattwa«, obwohl niemand ihn sah. Für einen Augenblick aber erblickten sie einen großen Stern über dem Baum. Rosalind rief plötzlich: »Seht ihr ihn?! Seht ihr ihn?!« Von weitem hörten sie Musik, die sie für die Musik der Gandharwas (der Halbgötter) hielten. Voller Ekstase rief sie wieder: »Hört ihr die Musik?! Hört ihr die Musik?!« (Lutyens 1975: 157)

Den ganzen nächsten Tag lag Krishnamurti unter diesem Baum in Samādhi, und die Schmerzattacken hielten nicht mehr so lange an. Als er am Abend wieder meditierte, sah Rosalind drei Wesen, die Krishnamurti mitnahmen und seinen Körper unter dem Baum liegenließen. Die Einzelheiten dieser Erfahrung wurden von Nitya, Warrington und Krishnamurti in drei verschiedenen Berichten festgehalten. Warrington konnte die Berichte der Brüder bezeugen. Krishnamurti beschrieb Annie Besant, Leadbeater und Emily Lutyens seine Erfahrung. Das Interessante an diesen Berichten ist die Technik der Meditation, mit der er diese Erfahrung erlangte. Er schrieb, daß er versucht hatte, seine Mängel zu erkennen und sie zu beheben. Er versuchte, zwischen allen seinen Körpern und der Buddha-Ebene, der höchsten Bewußtseinsebene, einen Einklang zu erzeugen. Er schaffte das, indem er alle seine Körper in derselben Frequenz vibrieren ließ, in welcher das Buddhabewußtsein vibrierte. Damit ihm sein Vorhaben gelang, mußte er feststellen, wonach sein Ego auf der »Buddha-Ebene« verlangte. Krishnamurti stellte fest, daß sein Ego auf dieser Ebene nur ein einziges Verlangen hatte: dem Maitreya und den Meistern zu dienen. Als Krishnamurti dieses Verlangen bewußt geworden war, fiel es ihm nicht mehr schwer, seine anderen Körper zu beherrschen und zu lenken, daß auch diese nur noch so dachten und handelten. Krishnamurti konnte den ganzen Tag ohne Schwierigkeit das Bild des Maitreya in seinem Bewußtsein bewahren. Das führte dazu, daß Krishnamurti stiller und geruhsamer wurde. Er machte die erstaunliche Erfahrung des Eins-Seins mit der Welt. »Ein Mann reparierte die Straße; ich war dieser Mann. Die Spitzhacke, die er hielt, war ich; der Stein, den er gerade brach, war ein Teil von mir; der zarte Grashalm war mein Wesen, und der Baum hinter dem Mann war ich selbst« (Lutyens 1975: 158).

In diesem Zustand war Krishnamurti glücklich, und wie er selbst erzählte, trank er von der Quelle des Lebens, und sein Durst wurde fürs Leben gestillt. Er schrieb: »Ich habe das glorreiche und heilsame Licht gesehen. Die Quelle der Wahrheit wurde mir offenbart, und die Finsternis wurde weggefegt« (Lutyens 1975: 161). Von der Astralebene erhielt Krishnamurti die Botschaft, daß die Arbeit, die gerade getan würde, sehr wichtig und außerordentlich heikel sei (Lutyens 1975: 182). Den Sinn dieser Botschaft wiederholte Krishnamurti oft in seinen Gesprächen später in seinem Leben.

Diese Erfahrung dauerte von August 1922 bis November 1923 (Jayakar 1988: 47–58). Jeden Tag kamen unsichtbare Wesen zu Krishnamurti, um alle Teile seines Körpers zu reinigen. Diese Reinigung, die auch die Augen und den Kopf einschloß, war sehr quälend. Währenddessen sprach Krishnamurti mit den unsichtbaren Wesen; daher wußten Nitya, Rosalind und Warrington, was Krishnamurti jeweils erlebte. In dieser Zeit trat bei Krishnamurti ein Phänomen auf, welches ihn sein ganzes Leben begleitete: Er war sich seiner selbst nicht mehr bewußt und sprach von einem anderen Krishnamurti, der irgendwohin gehe. Die Anwesenden bat er, sie sollten auf seinen Körper mit großer Vorsicht aufpassen. Diese Aufgabe wurde nur den engsten Vertrauten – meistens waren es Frauen – übertragen. 1922 waren es Nitya und Rosalind. In Rosalind sah er in diesem Bewußtseinszustand seine verstorbene Mutter. Die Anwesenden spürten eine große Kraft in dem Raum, in dem Krishnamurti meditierte oder philosophierte, eine Kraft, von welcher der ganze Raum pulsierte. Diese Kraft nannte Krishnamurti später das »Andere, Immense, Heilige, Grenzenlose oder die Gnade« (Lutyens 1983: 109).

Krishnamurtis Biographin Pupul Jayakar, die seine Lehre auf ihre Parallelen zur indischen Philosophie und Esoterik hin untersuchte, sieht in Krishnamurtis Erfahrung die »Erweckung der Kundalini-Kraft«. 1924 beschrieb Krishnamurti selbst in einem Brief an Annie Besant, daß eine Kraft ihm die Wirbelsäule hochsteige und sich im Nacken in zwei teile, um zwischen den Augen wieder eins zu werden (Lutyens 1975: 186). Er und Nitya vermuteten, es könne nur die Kundalini-Erfahrung sein. Es ist auch beachtenswert, daß Krishnamurti viele Jahre später in seinen Briefen an Nandini Mehta ähnliche Erfahrungen die »Wirkung der Räder« nannte (Jayakar 1988: 245). Das bekräftigt Pupul Jayakars Vermutung. Das Wort »Chakra« des Yōga bedeutet »Rad«. Die Erweckung der Kundalini-Kraft hat zur Begleiterscheinung die Aktivierung verschiedener übersinnlicher Kräfte. Krishnamurti schrieb in einem Brief an Leadbeater, daß er nur »ein wenig« hellsichtig geworden sei (Lutyens 1975: 161). Daher ist es angezeigt, auf seine andere Erfahrung »des Einswerdens mit der Welt« achtzugeben. Man könnte sie als eine »adwaita«, eine »nichtdualistische« Erfahrung bezeichnen. Aber nach einer genauen Untersuchung der Aussagen Krishnamurtis über die Einheit und Pluralität ist auch diese Bezeichnung nicht mehr zulässig. Hier müssen wir uns, wie auch bei vielen anderen Themen seines Lebens, mit Vermutungen begnügen.

Obwohl alle, die Krishnamurti in Ojai erlebten, von dieser Erfahrung begeistert waren, äußerte Leadbeater aus Australien seine Meinung dazu mit vorsichtiger Zurückhaltung. Er selbst habe bei seiner eigenen Entwicklung der Kundalini derartige Schmerzen nicht erlitten. Er schrieb weiter in seinem Brief an Annie Besant, daß der Körper eines Brahmanen außerordentlich rein sei und daher weniger der Reinigung bedürfe als der Körper eines Europäers. Diese schmerzhafte Reinigung könne vielleicht, wie es auch Annie Besant vermutete, durch die nahende Ankunft des Maitreya erklärt werden, der Krishnamurti später als »Fahrzeug« gebrauchen würde. Leadbeater schrieb weiter, trotz allem sei es nicht gesagt, daß dieses Phänomen auf die baldige Ankunft Maitreyas hinweise. Man müsse abwarten. Leadbeater war lediglich bereit, Krishnamurtis Erfahrungen als dessen dritte Einweihung auf der Astralebene anzuerkennen, welche Leadbeater und Annie Besant bereits hinter sich hätten.

Es ist bemerkenswert, daß Krishnamurti trotz dieser Erfahrung in seiner späteren Philosophie jede Art von Technik zur Erweckung der Energie ablehnt. Er begründet seine Ansicht damit, daß Meditationen, Yōga-Übungen usw. zu diesem Zweck unnütz seien, und daß es einen ganz anderen Weg zur Erweckung der Energie gebe (s. § 51). Tatsächlich gibt es Menschen, die ohne irgendwelche Praktiken ähnliche Erfahrungen gemacht haben. Ronald D. Laing, ein berühmter Psychiater, berichtet von einer qualvollen mystischen Erfahrung eines bekannten Bildhauers, Jesse Watkins (Laing 1969: 134–153). Die Erfahrung trat unvermittelt auf. Er erlebte es so, als ob er in seine früheren Existenzen zurückkehre und sein Ego stürbe. Das war aber keine Halluzination. Er sagte: »Wissen Sie, ich war mir völlig meiner selbst und der Umwelt bewußt« (Laing 1969: S. 140). »Manchmal war [die Erfahrung] – verheerend und belastete meinen Geist so stark [...] Es war, als wenn man Weiches in einen Sack voll Nägel wirft [...]« (Laing 1969: 147). In dieser Zeit hatte Watkins Kräfte entwickelt, die wir als »übersinnlich« bezeichnen würden, wie zum Beispiel Kontrolle über den eigenen Körper, über die Körper anderer Menschen, über ihre Gemütszustände und Genesungsprozesse. Das Interessante ist, daß Watkins vor dieser Erfahrung keine esoterische Literatur gelesen hatte. In diesem Bericht spricht er auch von keinerlei yogischen oder esoterischen Praktiken. Die Ursache der Erfahrung bleibt für uns unerklärbar.

Nach einem Besuch mit seinem Bruder in Europa, wo die Erfahrung sich fortsetzte, kehrte Krishnamurti zurück nach Ojai. Auf Nityas Wunsch fuhr auch Rajagopal mit, um sich um Krishnamurti zu kümmern. Krishnamurtis Erfahrung der Reinigung setzte sich etwa zwei Jahre lang fort. Am 11. 4. 1924 erhielt Krishnamurti eine Botschaft von den Meistern, sie hätten seinen Körper nun »präpariert«. Die Vorbereitung sei aber noch nicht ganz abgeschlossen, sie würden sie später fortsetzen. Die Meister lobten Krishnamurti und seine Helfer für ihre Tapferkeit.

Während der gesamten Zeit kümmerte sich Nitya um Krishnamurti, nicht nur als dieser die mit Qual verbundene Erfahrung machte, sondern auch dann, wenn er Reden hielt oder Interviews gab. Nitya war Krishnamurtis Privatsekretär. Im Jahre 1925, während einer Reise mit Krishnamurti nach Indien und Australien, wurde Nitya erneut schwer krank und mußte nach Ojai zurückkehren. Diesmal wurde er von Krishnamurti, Rajagopal und Rosalind gepflegt. Rajagopal und Rosalind, die später heirateten, spielten viele Jahre lang eine wichtige Rolle in Krishnamurtis Leben.

In Ojai erhielten sie merkwürdige Nachrichten aus Europa, die Krishnamurtis Glauben an die Seriosität der T. G. zunehmend erschütterten. Arundale hatte mit seiner jungen indischen Frau Rukmini eine Weltreise gemacht und kam anschließend nach Huizen in Holland, wo er zum Bischof der Liberalen Katholischen Kirche geweiht wurde. Diese Weihe hätte der Zustimmung Leadbeaters bedurft. Aber Arundale behauptete, er habe bereits die Zustimmung auf der Astralebene erhalten. Kurz nach der Weihe jedoch kam ein Telegramm von Leadbeater aus Australien, daß er der Weihe nicht zugestimmt habe.

In Huizen führte Arundale sogenannte esoterische Aktivitäten wie Initiationen und Astralreisen durch, die er aber ins Lächerliche verzerrte. So wurde beispielsweise seine Frau in nur drei Tagen bis zur dritten Stufe eingeweiht – eine Weihe, auf die andere Mitglieder der T. G. sehr lange warten mußten. Und Arundale selbst übermittelte reichlich abstruse Botschaften von Meistern aus der Astralebene, darunter zum Beispiel die, daß Priester nur Unterhosen aus Seide tragen sollten (Lutyens 1975: 211). Unter anderem erhielt Arundale angeblich auch eine Liste der Apostel des kommenden Weltlehrers. Auf dieser Liste standen die Namen von Annie Besant, Leadbeater, Arundale, Wedgwood, Rukmini, Nitya, Emily Lutyens, Rajagopal und Oscar Köllerström, einem Holländer und ehemaligem Schüler Leadbeaters, der zu dieser Zeit Priester der Liberalen Katholischen Kirche war. Als Krishnamurti von seiner eigenen angeblichen Initiation erfuhr, war er beunruhigt. Emily Lutyens gegenüber äußerte er sein Mißtrauen gegenüber Arundale und seiner Liste der Apostel. In dieser Zeit, in der er von Skepsis geprägt war, machte er noch eine weitere unglückliche Erfahrung, die seinen Glauben an die Lehre der T. G. und ihre Führer völlig vernichtete.

Im Oktober 1925 fuhr Krishnamurti nach Europa. Annie Besant hatte ihn eingeladen, an den Tagungen der T. G. teilzunehmen und sie weiter nach Indien zu begleiten, wo das Jubiläumsfest der T. G. stattfinden sollte. Angesichts der Krankheit Nityas war er im Zweifel, ob er verreisen sollte. Wie er später berichtete, setzte er sich mit den

Adepten auf der Astralebene in Verbindung und plädierte für die Gesundheit seines Bruders. Die Adepten versprachen ihm, sich um Nitya zu kümmern, und garantierten ihm, daß sie Nitya schützen würden. Krishnamurti solle ohne Sorge verreisen. Mit dieser Zusicherung der Meister im Hintergrund verließ Krishnamurti Ojai und fuhr nach England.

Von dort aus ging es mit Annie Besant, Rajagopal, Shiva Rao, Emily Lutyens, Rosalind, Wedgwood und anderen nach Indien. In Italien stieß Arundale dazu. Arundale und Wedgwood behandelten Krishnamurti auf der Schiffahrt herablassend und redeten ihm ein, die Meister würden seinen Bruder nur dann schützen, wenn Krishnamurti sie als seine Apostel anerkenne. Sie sagten auch, daß Krishnamurtis Mißtrauen seine Zukunft als Weltlehrer gefährde. Aber Krishnamurti hatte bedingungsloses Vertrauen zu dem Versprechen der Meister.

Eines Tages im November, als das Schiff den Suezkanal überquerte, kam die Nachricht, daß Nitya gestorben sei. Nityas Tod erschütterte Krishnamurti wie kein anderes Ereignis in seinem Leben. Es zerstörte sein Vertrauen in die T. G. und ihre Adepten und stellte seine ganze Weltanschauung in Frage. Laut Shiva Rao, seinem ehemaligen Lehrer, der auf dem Schiff mit Rajagopal und Krishnamurti eine Kabine teilte, brach Krishnamurti völlig zusammen und weinte Tag und Nacht. Er rief in seiner Muttersprache, Telugu, die er in wachem Zustand nie sprach, nach seinem Bruder. Er riß sich aber zusammen, und nach zehn Tagen, am Ende der Fahrt, hatte er die Trauer überwunden und machte eine innere Wandlung durch. Die Menschen, die Krishnamurti bei seiner Ankunft in Ceylon und später in Indien sahen, fanden keine Spuren von Trauer an ihm. Sie fanden, daß sein Gesicht einen besonderen Glanz ausstrahle.

Zum Anlaß des Jubiläumfestes kam auch Leadbeater aus Australien mit vierzig seiner Anhänger. Er war der Meinung, daß Arundales Beschäftigung mit Initiationen und seine Aussagen darüber nicht ernst zu nehmen seien. Er selbst und Annie Besant würden die letzte Initiation im nächsten Leben erhalten. Offenbar gab es in der T. G. dieser Zeit zwei rivalisierende Gruppen: eine um Leadbeater und die andere um Arundale. Beide verfügten über dasselbe Mittel, ihre Autorität geltend zu machen und sie auf die Leichtgläubigen auszuüben: den Kontakt zu den Adepten und ihren Botschaften, welche nur sie erhielten. Annie Besants Versuche, zwischen beiden Gruppen zu schlichten, scheiterten. Sie fragte Krishnamurti bei einem privaten Treffen mit Leadbeater, Wedgwood, Arundale und Raja, ob er sie als seine Apostel akzeptiere. Krishnamurti sagte, er akzeptiere keinen, außer vielleicht Annie Besant. Trotz dieser Weigerung wurde Annie Besants Vetrauen zu Krishnamurti als Fahrzeug des kommenden Maitreya nicht erschüttert. Für sie war seine Mission so gut wie erwiesen.

Am 28. 12. 1925 in Adyar passierte etwas Entscheidendes. In einer Ansprache vor der Versammlung des »Ordens des Sterns im Osten« redete Krishnamurti über den kommenden Maitreya. Er sprach von ihm zunächst in der dritten Person Singular. Plötzlich fing er an, in der ersten Person zu reden. Er sagte: »Ich komme für diejenigen, die Mitleid brauchen, die Glückseligkeit brauchen; für die komme ich, die sich nach Erlösung sehnen, für die, die sich nach Glückseligkeit in allen sehnen. Ich komme, um zu reformieren, nicht um abzureißen; auch nicht, um zu vernichten, sondern um aufzubauen« (Lutyens 1975: 224). Als er von der dritten Person in die erste Person wechselte, wurde für die Zuhörer auch eine große Veränderung in seiner Stimme spürbar. Das galt als klarer Beweis dafür, daß Maitreya Krishnamurtis Körper zu benutzen begann: Die Ankunft habe begonnen! Annie Besant äußerte diese Überzeugung mehrmals in ihren Reden und Schriften. Krishnamurti war derselben Überzeugung. Auch Leadbeater war der Meinung, daß der Weltlehrer sein Fahrzeug in Adyar benutzt hatte.

Im Mai 1926 fuhr Krishnamurti mit Annie Besant nach Europa, wo er im Juli in Holland vor Mitgliedern des »Ordens des Sterns im Osten« eine Reihe von Reden hielt. Diese Reden festigten in vielen Menschen, die lange Zeit Krishnamurtis Entwicklung verfolgt hatten, die Überzeugung, daß durch Krishnamurti der Maitreya sprach. Sie merkten, wie sich während der Reden Krishnamurtis Gesicht, sein Blick und seine Stimme veränderten. Emily Lutyens ging in ihrem Tagebuch so weit zu behaupten, daß Maitreyas und Krishnamurtis Bewußtsein eins geworden seien. Während eines Aufenthaltes in Ojai bei Krishnamurti, der einige Monate lang dauerte, kam auch Annie Besant zu demselben Schluß. Sie schrieb in einem Brief an Arundale, daß die Ansicht, Krishnamurtis Bewußtsein trete aus und er werde ganz von Maitreyas Bewußtsein eingenommen, nicht mehr angemessen zu sein scheine. Es sei mehr wie eine Einigung zwischen Krishnamurtis Bewußtsein mit dem des Maitreya. Sie kündigte auch in der Presse an: »Der Weltlehrer ist hier!«

Krishnamurti schien in dieser Zeit selbständiger und zuversichtlicher zu werden. Hier begann auch die Phase seiner Abnabelung von der T. G. und ihren Lehren, welche dann in einer ablehnenden Haltung gegenüber aller Tradition gipfelte. Krishnamurti äußerte in seinen Reden und Gesprächen vorsichtig, daß er die Geschichten mit den Adepten und Initiationen nicht glaube. Die Adepten seien nicht sehr wichtig. Er ging so weit zu sagen, daß er kein einziges Buch der T. G. bis zur letzten Seite lesen konnte. Diese Erklärungen lösten Enttäuschung und Ablehnung in der Führung der T. G. aus. Selbst Annie Besant fand es schwierig, diese Äußerungen zu verkraften, obwohl sie in ihren Reden und Schriften die Menschen in all diesen Jahren dazu ermahnte, sich den Lehren des Messias nicht zu verschließen. Was der Messias lehre, könne radikal neu und daher auch schwer zu akzeptieren sein. Selbst Annie Besant fand Krishnamurtis Aussagen beunruhigend radikal.

§ 6 Bruch mit der T. G.

Krishnamurtis Abneigung gegen die T. G. und alle organisierten spirituellen Institutionen und Religionen kulminierte am 3. 8. 1929 in der von ihm herbeigeführten Auflösung des »Ordens des Sterns im Osten«. Er hielt zu diesem Anlaß eine Ansprache, die berühmt geworden ist. In dieser Ansprache erklärt er, die Wahrheit sei ein unwegsames Land und lasse sich nicht organisieren. Organisationen töteten die Wahrheit und lähmten den Menschen. Daher wolle er keiner Organisation angehören. Er wolle keine neue Religion, Theorie oder Philosophie gründen. Er habe nur eine Berufung im Leben: die bedingungslose Befreiung des Menschen.

Auf die wichtige Frage, ob er der Weltlehrer sei, hatte Krishnamurti ein Jahr zuvor, 1928, geantwortet: »Ich meine, es gibt ein ewiges Leben, welches die Quelle und das Ziel, der Anfang und das Ende ist, und trotzdem ist es ohne Ende oder Anfang... Wenn jemand jenes Leben erfüllt, so hat er den Schlüssel zur unbegrenzten Wahrheit... In jenes Leben traten der Buddha und Christus ein. Von meinem Gesichtspunkt aus gesehen, habe ich jenes Leben erlangt. Ich bin in jenes Leben eingetreten... und in jenes Leben muß jeder zurückkehren« (Lutyens 1975: 261). Eine vage Antwort, weder verneinend noch bejahend, die seine Zuhörer in eine schwierige Situation brachte. Er sei mit Buddha oder Christus vergleichbar, aber die Menschen sollten ihn nicht verehren und ihm kein blindes Vertrauen schenken. In vielen anderen Reden aus dieser Zeit sagte er seinen Zuhörern, daß sie, was ihr eigenes Heil beträfe, keinerlei Hoffnung in irgendeine Autorität oder einen Meister legen sollten. Über Krishnamurtis

Äußerungen und die Auflösung des Ordens urteilten Leadbeater, Wedgwood und andere, daß die Ankunft Maitreyas vereitelt worden sei.

Nach der Auflösung des »Ordens des Sterns im Osten« gab man alle Villen und Grundstücke an die Spender zurück. Um sich für seine Lebensaufgabe freizumachen, kündigte Krishnamurti seine Mitgliedschaft in etlichen Stiftungen. Ein Jahr nach der Auflösung des Ordens trat er aus der T. G. aus. Für die Publikation von Krishnamurtis Reden wurde in Ojai ein kleines Büro eingerichtet, dessen Chef Rajagopal war.

Annie Besant liebte Krishnamurti unverändert bis zu ihrem Tod im Jahre 1933. Auch nach seinem Austritt aus der T. G. blieb Krishnamurti ihr treuer Sohn. Sechs Monate nach Annie Besants Tod starb Leadbeater in Australien. Nach Annie Besant wurde Arundale Präsident der T. G. und blieb es bis zu seinem Tod im Jahre 1952. Wedgwood wurde mit der Zeit verrückt und starb 1951.

1931 fuhr Krishnamurti nach Ojai, wo er bei Rajagopal lebte. In diesen Jahren meditierte er regelmäßig und blieb, wie er in einem Brief beschrieb, im Zustand des Samaadhi.

In dieser Zeit scheint sein Bewußtsein, wie Mary Lutyens meint, eine völlige Verwandlung durchgemacht zu haben. Dieser Verwandlung zufolge vergaß er seine Vergangenheit.

2. Der Weltlehrer in der Welt

> *» Wie der Junge aufgezogen wurde, ist absolut irrelevant; relevant ist nur die jetzige Lehre und sonst nichts. «*

(Krishnamurti 1995: 88)

§ 7 An der Quelle des Lebens

Nach seiner Trennung von der T. G. verlief Krishnamurtis Leben, äußerlich betrachtet, relativ ereignislos ohne Höhen und Tiefen: Schmerzhafte Erfahrungen wie den Tod seines Bruders hat er anscheinend nicht mehr gemacht. Die Entsagung seiner messianischen Position in der T. G. scheint einer mönchischen Entsagung von der Welt gleichzukommen, seinen Kontakt zur äußeren Welt beschränkte er auf ein Minimum. Handeln im eigenen Interesse, Selbstsucht und Eigennutz waren ihm fremd. Er war selbst unfähig, die eigenen finanziellen Angelegenheiten zu regeln. Das bereitete Annie Besant, seiner Adoptivmutter, Sorgen.

Krishnamurtis Stellung in der T. G. hatte ihn bis dahin vor vielen banalen Problemen wie Geldverdienen geschützt. Von der T. G. war sein Bruder Nitya dafür bestimmt worden, sich um Krishnamurti zu kümmern. Nach dessen Tod fiel diese Aufgabe Rajagopal zu, der inzwischen sein Studium in Jura und Geschichte an der Universität in Cambridge absolviert hatte.

Anders als Krishnamurti blieb Rajagopal der T. G. innerlich treu. Auch nach seiner Trennung von der T. G. wohnte Krishnamurti die meiste Zeit seines Lebens in Pine Cottage in Ojai, das Annie Besant für seine Arbeit mit den Spenden der Theosophen gekauft hatte. Auch seine Zuhörerschaft bestand am Anfang seiner neuen Existenz aus Anhängern der T. G. So war Krishnamurtis Bindung zur T. G. noch vorhanden, und er trug sie sein Leben lang auf irgendeine Weise mit sich.

Da sein Leben nach der Trennung von der T. G. nicht von großen Ereignissen geprägt wurde, außer, daß er mit jedem Jahr berühmter und bedeutender wurde, ist eine detaillierte und chronologische Erzählung seiner Lebensgeschichte nicht sehr sinnvoll. Daher folgt unten nur eine kurze Schilderung seines späteren Lebens. Danach wird die Aufmerksamkeit auf gewisse Fragen gerichtet, die für das Verständnis seines Lebens wichtig sind.

Nach der Trennung von der T. G. reiste Krishnamurti mit Rajagopal, der ab jetzt Krishnamurtis Reden, Publikationen und Finanzen organisierte, durch Europa und hielt Vorträge. In Ommen in Holland und Ojai in den USA lehrte er weiter alljährlich in den Summercamps. Diese wurden jetzt jedoch für alle, nicht nur für die Mitglieder des Ordens, geöffnet. Der Zweite Weltkrieg beendete diese Aktivitäten. In diesen Jahren, wie auch später, blieb Krishnamurti in Ojai in den USA. Von 1929 bis zum Ende des Krieges formten sich die Ansätze seiner Philosophie.

Während dieser Zeit legte Krishnamurti den alten Wortschatz und die Begriffe der T. G. ab. Hier wird man an Arthur Rimbauds Brief an seinen Lehrer erinnert, in dem Rimbaud meint, die Entdeckung des Unbekannten verlange nach neuen Formen. Krishnamurtis mystische Erfahrung hatte alle alten Formen gesprengt, und so entwickelte er eine seinen Erfahrungen und seinen erblickten Wahrheiten entsprechende Sprache. In den dreißiger Jahren schrieb er an Emily Lutyens: »Ich versuche eine Brücke für die anderen zu bauen... aber es nimmt Zeit und verlangt eine ständige Änderung der Ausdrücke. Du hast keine Ahnung, wie schwer es ist, das Unausdrückbare auszudrücken; und das Ausgedrückte ist nicht die Wahrheit« (Lutyens 1991a: 84).

In dieser Zeit kam Krishnamurti zum erstenmal in seinem Leben mit Intellektuellen und Künstlern in Kontakt, die nicht den Kreisen der T. G. angehörten. Wenn auch er nicht mehr auf die Welt zuging, so kam doch die Welt auf ihn zu, und viele, darunter auch bedeutende Persönlichkeiten, suchten den Kontakt und das Gespräch mit Krishnamurti. So lernte er Aldous Huxley, Bertrand Russell, Christopher Isherwood, Charlie Chaplin und eine Reihe von Psychoanalytikern wie Benjamin Weinniger, Harry Stack Sullivan und Erich Fromm kennen. Er hielt für sie im privaten Kreis Vorträge und führte mit ihnen Gespräche, die einige Psychoanalytiker wesentlich beeinflußten (Blau 1995: 134). Zwischen Krishnamurti und Huxley entwickelte sich eine tiefe, viele Jahre andauernde Freundschaft. Huxley war ein großer Gelehrter, ein »wandelndes Lexikon«. Beide gingen auf lange Spaziergänge. Die Freundschaft mit Huxley war wahrscheinlich das beste Studium, das sich Krishnamurti wünschen konnte. Es ist nur zu vermuten, daß er sich über Huxley mit den neuesten Erkenntnissen aus allen Bereichen der Wissenschaft bekannt machte. Huxley selbst war aber bereit, gegen eine einzige Erfahrung der Wahrheit, wie der des Krishnamurti, alle seine Kenntnisse einzutauschen (Jayakar 1988: 91).

Während des Kriegs blieb Krishnamurti etwa acht Jahre bei Rajagopals in den USA. Das war eine Zeit der Isolation vom Rest der Welt, eine Zeit relativer Ruhe und körperlicher Arbeit auf der Farm, wo sich Krishnamurti mit Rosalind und Rajagopal und ein paar anderen die Arbeit teilte. Er molk die Kühe und fütterte die Bienen oder spülte Geschirr.

Krishnamurti war in diesen Jahren die einzige Stimme im Westen, die den Weltkrieg und den Nationalismus und Faschismus nicht nur der deutschen Art, sondern jeder Art vorbehaltlos verurteilte. Den aus dem Antifaschismus hervorgehenden Nationalismus hielten viele Intellektuelle in den USA, England und anderen Ländern für notwendig und sogar für gut. Krishnamurtis Haltung war für viele schwer nachzuvollziehen. So verließen manchmal einige seiner Zuhörer verärgert seine Vorträge. Der amerikanische Geheimdienst FBI verdächtigte ihn, an einem geplanten Attentat gegen Präsident Roosevelt beteiligt zu sein (Lutyens 1983: 56). Da er den Kriegsdienst verweigerte, hatte er Schwierigkeiten mit den amerikanischen Behörden. Zögernd erteilten sie ihm die Aufenthaltsgenehmigung, aber er durfte nicht in der Öffentlichkeit reden (Jayakar 1988: 88). Paradoxerweise erlitt Krishnamurti davor dasselbe Schicksal in Italien, wo Mussolini alle Reden in der Öffentlichkeit verboten hatte (Lutyens 1991a: 91).

Die Greuel des Zweiten Weltkriegs und die Explosion der Atombomben erschütterten Krishnamurti zutiefst. Immer wieder fragte er: »Was für einen Sinn können meine Reden noch haben?« (Jayakar 1988: 89) Dieses intensive Fragen und An-sich-Zweifeln läuterten sicherlich seine Philosophie und machten sie noch radikaler und kompromißloser.

Aus seinen Notizen, die er in dieser Zeit schrieb, entstand sein dreibändiges Werk »Commentaries on Living«. Den Anstoß, seine Gedanken aufzuschreiben, erhielt Krishnamurti 1942 von Huxley, der die Aufzeichnungen dann auch begutachtete und Krishnamurti motivierte weiterzuschreiben (Lutyens 1983: 59). Das Werk enthält viele einzelne Stücke. Jedes Stück beginnt mit einer meditativen Beschreibung der Umgebung, der Natur und des Hintergrundes der Person, die sich von Krishnamurti einen Rat holen oder sich mit ihm über ein wichtiges Thema wie das Bewußtsein, Trauer, Angst, Liebe und anderes unterhalten möchte. Mit den »Commentaries« hielt Krishnamurti zum ersten Mal eigene philosophische Ansätze schriftlich fest.

1947, nach dem Ende des Zweiten Weltkriegs, wurde Indien unabhängig. Nach neunjähriger Abgeschiedenheit vom Rest der Welt fuhr Krishnamurti wieder in seine Heimat. Er war, wie Pupul Jayakar in ihrer Biographie schreibt, zum erstenmal in seinem Leben äußerlich und innerlich frei (Jayakar 1988: 98). Seine Freiheit war in seiner Kindheit von der T. G. und nach der Trennung von der

T. G. von Rajagopal und seiner Frau Rosalind eingeschränkt worden. Diese mißverstanden Krishnamurtis
Sanftmut. Da er sich nie behauptete und sich nie gegen
etwas wehrte, fingen sie an, ihn zu nötigen und wie ein
Kind zu behandeln (Jayakar 1988: 87). Es gehörte zum
mystischen Wesen Krishnamurtis, daß er sich hin und wieder so behandeln ließ. Interessant ist, daß solche Ereignisse
im Leben großer Lehrmeister Indiens immer wieder vor-
kommen. In Indien konnte Krishnamurti jetzt seinen Ta-
gesablauf und seine Termine selbst planen.

Um die Unabhängigkeit Indiens hatten viele Menschen
generationenlang gekämpft und oft mit dem eigenen Leben
bezahlt. Sie wurden aber dadurch enttäuscht, daß um 1947
in der Gesellschaft Gewalt und Haß ausbrachen und viele
unschuldige Menschen von religiösen Fanatikern umgebracht wurden. Als auch Gandhi diesem Fanatismus zum
Opfer fiel, verloren viele Unabhängigkeitskämpfer ihre In-
tegrationsfigur und suchten nach einer neuen Orientierung. Die neue politische Struktur eines unabhängigen Indiens veranlaßte viele Inder, über ihre Religion und Philosophie nachzudenken und sie neu zu bewerten. Einige
Inder versuchten gemeinsam mit Krishnamurti ihren Wert
zu erforschen. So versammelten sich in Indien viele Künstler und Intellektuelle um ihn. Zu solchen Besuchern und
Gesprächspartnern gehörten Jawaharlal Nehru, Vinoba
Bhave, Indira Gandhi, der Gandhi-Anhänger Maurice
Friedman, Dr. Balasundaram, Rao Sahib Patwardhan,
Achyut Patwardhan, Pandit Jagannath Upadhyaya und
viele Schauspieler, Tänzer und Künstler. Obwohl Krishnamurti sich nie mit irgendeinem Land oder irgendeiner Region identifizierte, zeigte er großes Interesse an Indiens
Politik, Religion und Gesellschaft. Er empfand großen Re-
spekt vor Hindu- und buddhistischen Mönchen. Krishna-
murti sagte später über sich: »Volles Erwachen geschah in
Indien von 1947 bis 1948.« (Jayakar 1988: 110)

In dieser Zeit wußte die Welt, außer ein paar Insidern

der T. G., nichts von Krishnamurtis Kundalini-Erfahrung von 1922–24. Auf seinen eigenen Wunsch wurden die Berichte über seine mystischen Erfahrungen in Ojai lange geheimgehalten. Es ist bemerkenswert, daß Krishnamurti 1948 in Ooty in Südindien drei Wochen lang, zwischen dem 28. Mai und dem 20. Juni, dieselbe Erfahrung machte (Jayakar 1988: 129). Dieses Mal waren Pupul Jayakar und ihre Schwester Nandini Mehta dabei. Pupul Jayakar machte Notizen über den Hergang der Erfahrung. Es ist beachtenswert, daß die Beobachtungen von Jayakar mit dem Inhalt der früheren Berichte aus Ojai übereinstimmen (Jayakar 1988: 131–135). Krishnamurti verließ seinen Körper, und seine Lage war jedesmal ernst und ähnelte dem Tod. Er bat immer Menschen, die ihm vertraut waren, auf ihn aufzupassen, »seine Hand zu halten«, damit er nicht ins Jenseits rutsche, damit er nicht »wegwandere« (Jayakar 1988: 137). Diese »außerkörperlichen Erfahrungen« begleiteten ihn sein ganzes Leben.

In diesen Jahren in Indien entwickelte Krishnamurti eine neue Methode des Philosophierens. Üblicherweise hielt er Vorträge, und am Ende der Vorträge stellten die Zuhörer Fragen an ihn. Jetzt wollten seine indischen Freunde von ihm mehr erfahren als das, was er in den Vorträgen ausdrückte. Das führte zu einer Reihe von außergewöhnlich wertvollen Gesprächen mit Gelehrten und Künstlern aus seinem Freundeskreis. So war es Krishnamurti möglich, gemeinsam, langsam, Schritt für Schritt das Bewußtsein und die damit verbundenen Probleme zu erforschen und seine Lehre in allen ihren Aspekten und Implikationen voll zu entwickeln. Schriftliche Beispiele hierfür sind »Exploration into Insight« und »Tradition and Revolution«.

Krishnamurti blieb in keinem einzigen Land dauerhaft, obwohl er seinen indischen Paß behielt. Er reiste, hielt Vorträge, diskutierte mit verschiedenen Menschen und setzte so seine Arbeit fort. Pro Jahr hielt er etwa 175 Vorträge. Seine Vortragsreisen begannen immer in den USA, von da aus reiste er nach England, in die Schweiz und dann nach Indien (Roderigues 1990: 22). Er legte großen Wert auf eine ideologiefreie Erziehung der Kinder und sah in den Kindern die Hoffnung auf eine bessere Welt. So gründete er Schulen in Indien, England und in den USA.

In diese Lebensphase Krishnamurtis fällt auch die Trennung von Rajagopal, die nicht reibungslos verlief. Da Rajagopal der Präsident der »Krishnamurti Writings Incorporation« (KWINC) war, hatte er ihre Finanzen und Krishnamurtis Manuskripte unter seiner Kontrolle. Das hatte schwerwiegende Folgen für Krishnamurti (Lutyens 1983: 60) und führte 1969 zu einem Rechtsstreit zwischen den beiden. Einige Jahre mußten vergehen, bevor der Rechtsstreit geschlichtet und eine einvernehmliche Lösung gefunden werden konnte. Die KWINC wurde aufgelöst, und die Rechte an den Büchern, Manuskripten, Tonbandaufnahmen und Briefen Krishnamurtis wurden der »Krishnamurti Foundation of America« übertragen.

Krishnamurti hatte immer viele Freunde in verschiedenen Ländern. Viele von ihnen unterstützten ihn in seiner Arbeit. In Krishnamurtis dritter Lebensphase kümmerten sich seine Freunde um ihn. Die wichtigste Person unter ihnen war die Amerikanerin Mary Zimbalist, Tochter reicher Eltern und Ehefrau des weltberühmten Filmproduzenten Sam Zimbalist. Obwohl sie Krishnamurti bereits 1944 kennenlernte und von ihm beeindruckt war, intensivierte sich der Kontakt erst ab 1965/66. Auch Krishnamurti betrachtete sie als eine sehr wichtige Person, die ihn nah erlebte und seine Arbeit begleitete. In gewissem Sinne hielt er sie für seine Schülerin. Er sagte zum Beispiel oft zu ihr, daß sie ihn überleben und ein Buch über ihn schreiben solle.

Zu Krishnamurtis wichtigen Freunden zählten auch Mary Cadogan, George Digby, Nelley Wingfield, Mark Edwards, die Hammonds, Pupul Jayakar, Jayalakshmi, Mark Lee, die Logans, Mary Lutyens, Alain Naudé, Sunanda Patwardhan, Doris Pratt, die reiche Italienerin Vanda Scaravelli, die Suarés, Friedrich Grohe und viele andere.

Mary Zimbalist blieb bei Krishnamurti bis zu seinem Tod am 17. 2. 1986 in Ojai. Er starb in Ojai an einer Krebserkrankung der Bauchspeicheldrüse. Krishnamurti wollte nicht, daß man für ihn ein Grabmal oder eine Gedenkstätte errichte. Er wurde verbrannt.

§ 8 Zur Inkarnationsthese

In Anbetracht der Lebensgeschichte Krishnamurtis stellt sich die Frage: War er eine Inkarnation Maitreyas? Diese Frage lenkt unsere Aufmerksamkeit auf die Lehren der T. G., die Fähigkeiten und die Glaubwürdigkeit von Annie Besant und C. W. Leadbeater. Wie ehrlich waren die Mitarbeiter der T. G.? Wir haben gesehen, wie fragwürdig die Aktivitäten der Theosophen waren: Astralreisen, hochtrabende Initiationen, Prophezeiungen, Botschaften von den Adepten und zugleich ihre Verstrickung in Skandale. Zu Krishnamurtis Bruch mit der T. G. trugen diese in nicht geringem Maß bei. Man fragt sich, ob Krishnamurti diesen radikalen Schritt unternommen hätte, wenn Wedgwood, Arundale und andere sich ihm gegenüber nicht so erpresserisch und nötigend verhalten hätten. Diese hielten die Rolle des Messias, welche die T. G. für Krishnamurti vorgesehen hatte, für eine Karriere und befriedigten über ihn ihr eigenes Machtstreben (Lutyens 1973: 219).

Die Frage, ob Krishnamurti ein Messias war, ist aus verschiedenen Gründen schwer zu beantworten. Da er von C. W. Leadbeater »entdeckt« wurde, müssen wir uns erst mit Leadbeater befassen. Wie echt waren seine übersinnlichen Fähigkeiten? Seine Gabe, die vergangenen Leben eines Menschen zu erforschen, kann ihm weder abgesprochen noch bestätigt werden, weil eine Beurteilung nur demjenigen möglich ist, der ebenfalls diese Fähigkeit besitzt. Auf jeden Fall bedürfen solche Fähigkeiten empirischer Beweisführung. Eine Lektüre des »Alkyon«, der von Leadbeater zusammen mit Annie Besant veröffentlichten Lebensgeschichten von Krishnamurti, zeugen für uns »gewöhnliche Sterbliche« von Leadbeaters überaus reichem Hang zur Phantasie, die in diesem Werk epische Dimensionen erreicht. Der Leser bekommt den Eindruck, daß Krishnamurtis Lebensgeschichten Leadbeater so weit zurück in die Vergangenheit versetzen, daß sich ihm sogar die früheste Geschichte der Menschheit offenbarte. Es heißt in der Einleitung: »Wir beschreiben 48 Verkörperungen Alkyons und beginnen mit zwei aufeinanderfolgenden Inkarnationen um 70 000 v. Chr.« (Besant/Leadbeater 1930: 5) Die Lebensgeschichten beginnen so: »Die Arbeit der Dienenden war wohl selten so schwer wie in den ersten Tagen der fünften Wurzelrasse. Vor der großen Naturkatastrophe um 75 025 v. Chr. führte der Manu seine auserlesene Gruppe aus Atlantis zuerst nach Arabien und nach langwierigen Versuchen in diesem Land weiter nach Zentralasien an die Küste des Gobimeers (heute Wüste). Allmählich traf er seine Anordnungen, wie es einem Manu zusteht, der für die ferne Zukunft wirkt, der Völker versetzt wie Bauern auf dem Schachbrett, dem Jahrhunderte für seine Kombinationen zur Verfügung stehen. Damals war die Insel im Gobimeer das Zentrum seiner Tätigkeit, obwohl die große Stadt Manoa erst in einigen Jahrtausenden gebaut werden sollte.« (Besant/Leadbeater 1930: 7)

Leadbeaters Befähigung, in vergangene Leben Einblick zu gewinnen, wird neuerdings angezweifelt. Er behauptete immer, C. Jinarajadasa, sein Schützling und Schüler, sei eine Reinkarnation seines verstorbenen leiblichen Bruders Gerald, den Banditen in Brasilien, wo Leadbeater mit Vater und Bruder seine Kindheit verbracht hat, umgebracht hätten. Die neuere Forschung hat diese Behauptung widerlegt, und es wurde festgestellt, daß Leadbeater gar keinen Bruder hatte (Sloss 1993: 6).

Auch seine angebliche Beziehung zu den Meistern und

ihren Botschaften ist nicht ohne Schwierigkeiten. Es ist die Frage, ob es vielleicht von Wunschdenken und Zweckdienlichkeit motivierte Aussagen sind. Diese Botschaften, die Leadbeater von den Meistern aus der Astralebene erhalten haben will, unterstützten in der Regel sein Vorhaben und seine Vorstellungen und verrieten oft Leadbeaters Vorurteile gegen das »Fremde« und das »Unerwünschte«. Sein Machtstreben ist in der Ausübung seines Bischofsamts klar erkennbar. Er scheute sich zum Beispiel nicht, sich von Wedgwood zum Bischof weihen zu lassen, obwohl Wedgwood mit verschiedenen Beschuldigungen seitens der T. G.-Mitglieder und sogar seitens der Polizei belastet wurde.

Die Tatsache, daß Leadbeater drei mögliche Kandidaten als Vehikel des Maitreya »entdeckte«, legt die Vermutung nahe, daß es für ihn vielleicht mehr auf das »Training« seiner Schützlinge in der T. G. ankam, als auf die Stimmigkeit ihrer vergangenen Lebensgeschichten. Hubert von Hook, seine erste Entdeckung, bezichtigte ihn später nicht nur der Homosexualität, sondern warf ihm auch vor, daß er die Lebensgeschichten nur vortäusche (Sloss 1993: 45). Auch Annie Besant zweifelte ja im Zusammenhang mit den Skandalen an der Integrität Leadbeaters und ihren gemeinsamen astralen Reisen. Die Prophezeiung, daß Rajagopal, Leadbeaters dritte Entdeckung, in der Zukunft ein Buddha auf dem Planeten Merkur werden solle, erscheint jedenfalls recht fragwürdig. Was Krishnamurti betrifft, sei daran erinnert, daß es umstritten war, ob er tatsächlich selbst das Buch »Zu Füßen des Meisters« geschrieben hatte. Mit der Authentizität dieses Textes verbinden sich aber wichtige Fragen zur Seriosität der theosophischen Lehre wie zum Beispiel die Wahrheit über die Meister und die Astralreisen nach Tibet. In der geistigen Hierarchie der T. G. spielten die zwei Adepten Kūthūmi und Moriya eine bedeutende Rolle: Die Glaubwürdigkeit der Lehre der T. G. hängt zum großen Teil mit der Existenz dieser Meister zusammen. Krishnamurti erhielt angeblich Unterweisungen von

Meister Kūthūmi, der auch der Meister Leadbeaters war. Es hieß, Krishnamurti mache mit Leadbeater nächtliche Astralreisen nach Tibet und träfe sich dort mit Meister Kūthūmi. Krishnamurti habe die Unterweisungen Kūthūmis niedergeschrieben, die als das Buch »Zu Füßen des Meisters« veröffentlicht wurden. Wie bereits erwähnt, war es umstritten, ob Krishnamurti der tatsächliche Autor des Werks war. Insider erkannten in diesem Büchlein den Stil Leadbeaters. Zu diesem Streitpunkt wich Krishnamurti einer klaren Stellungnahme aus. Auch nach seiner Trennung von der T. G. gab er diesbezüglich keine eindeutige Antwort (Jayakar 1988: 35). So erfahren wir nichts über die Wahrheit von Meistern und Astralreisen der T. G. Krishnamurti äußerte der Öffentlichkeit gegenüber sogar, daß er diese Frage absichtlich vage beantworten möchte (Lutyens 1973: 250). Er sagte, er sei eins mit seinem Geliebten und der Geliebte sei »sri Krishna, Meister Kūthūmi, Maitreya, der Buddha und zugleich mehr als alle diese«. Hier machte er noch eine Aussage: »Ich sagte nie, ich sei der Weltlehrer; aber ich sage das jetzt, da ich mich mit meinem Geliebten eins fühle.«

In diesem Zusammenhang sei an die Entdeckung des Gelehrten Pandit Jagannath Upadhyaya erinnert, in »Kalachakra tantra«, der buddhistischen Schrift aus dem Mittelalter, stehe geschrieben, daß Maitreya sich in dem Körper eines Krishnamurti bekunden werde. Es ist nicht klar, welche Bedeutung dieser Entdeckung beigemessen werden soll. Krishnamurti selbst sagte dazu: »Maitreya kann sich nicht bekunden; es käme der Bekundung des Himmels gleich. Es ist die Lehre, die sich bekundet« (Jayakar 1988: 31).

Auch hier ist Krishnamurtis Haltung nicht eindeutig. Im ersten Satz bestreitet er, daß Maitreya sich inkarnieren könne, da er so groß wie der Himmel sei. Im zweiten Satz sagt er jedoch, daß sich die Lehre bekunden könne. Er unterscheidet also deutlich zwischen Person und Lehre und läßt die Frage, ob er Maitreyas Inkarnation sei oder nicht, unbeantwortet. Bezüglich vieler anderer wichtiger Fragen trifft man auf dieselbe Haltung.

In anderen Punkten macht es wiederum den Eindruck, als würde Krishnamurti die Lehre der T. G. bestätigen. Er scheint an bestimmte Phänomene wie die bösen Geister (dunkle Kräfte), die Meister sowie an die Reinkarnation zu glauben.

Die bösen Geister: Pupul Jayakar beschreibt, daß Krishnamurti einmal bei ihr in Bombay zu Gast war. Alle anwesenden Besucher sprachen über den Tod. Nach einer Weile unterbrach Krishnamurti das Gespräch und sagte: »Angst zieht das Böse an. Über das Böse zu reden heißt, das Böse anzurufen.« (Jayakar 1988: 442) Man dürfe daher über das Böse nicht reden. Er fragte die Besucher, ob sie es spürten und sagte danach: »Bevor wir schlafen gehen, muß ich es vertreiben. Ich muß diesen Ort beschützen.« Danach ging er in Kreisform durch das Haus, um das Böse zu vertreiben.

Die Meister: Einmal wurde Krishnamurti in Indien in einen Gerichtsprozeß verwickelt. Nandini Mehta, die Schwester von Pupul Jayakar, suchte Scheidung von ihrem Ehemann, da sie sich seinen Ansichten nicht unterworfen hatte. Diese Einstellung Nandini Mehtas wurde Krishnamurtis negativem Einfluß zugeschrieben, welcher dadurch plausibel erschien, daß sich Nandini Mehta mit Krishnamurti und seiner Lehre beschäftigte. Krishnamurti kritisierte in seinen Vorträgen in Indien die Heuchelei der indischen Gesellschaft, die niedere Stellung der Frauen und ihre Unfreiheit innerhalb der Familie. Darauf suchten viele Frauen mit Krishnamurti ein Interview (Jayakar 1988: 160). Es war abzusehen, daß Krishnamurtis Name vor Gericht genannt werden würde. Pupul Jayakar wollte ihn darauf vorbereiten, unterrichtete ihn über den Verlauf des Prozesses und sprach die mögliche Verleumdung seines

Namens an (Jayakar 1988: 159f.). Krishnamurti wunderte sich, warum Pupul Jayakar ihn zu schützen versuchte, und sagte zu ihr: »Es gibt viel größere Wesen, die mich schützen.« Krishnamurti behauptete immer, er werde von irgendeinem Element beschützt, das seinen Körper überwache (Lutyens 1991a: 167).

Reinkarnation: Manchmal, wenn Krishnamurti gewisse Personen zum erstenmal sah, äußerte er den Gedanken, ob sie Reinkarnationen von Bekannten oder Verwandten seien. Während seiner ersten Begegnung mit Nandini Mehta sagte er zum Beispiel zu ihr, lachend wie »ein Wasserfall der Himalayas«: »Warum bist du gekommen?« Er wiederholte dieselbe Frage, als Nandini den Strom ihrer Tränen nicht beherrschen konnte (Jayakar 1988: 100). Sie gab zur Antwort: »Ich habe dreißig Jahre gewartet, Sie zu sehen.« (Nandini war zu dieser Zeit dreißig Jahre alt.) Rosalind, der Frau Rajagopals, stellte Krishnamurti nach der Geburt ihrer Tochter Radha die Frage, ob Radha vielleicht die Reinkarnation Nityas, seines Bruders sei (Sloss 1993: 115).

Trotz der Bemühungen, sich von der T. G. abzugrenzen und sich nicht von Leadbeaters Vorgaben vereinnahmen zu lassen, begriff Krishnamurti seine Person doch als herausragende Erscheinung in der Menschheitsgeschichte. In einem Brief an Emily Lutyens schrieb er: »Du sagst, ich hätte zurückgewiesen, ich sei der Weltlehrer. Du weißt, ich habe es *nie* zurückgewiesen« (Lutyens 1983: 30). Er scheint auch nach der Trennung von der T. G. in Details an der »mystischen Erfahrung« von Ojai und an ihren Folgen festzuhalten und diese Erfahrung für einmalig zu halten. 1986 antwortete er auf Mary Cadagans Frage, was aus Krishnamurti nach seinem Tod werden würde: » ... siebzig Jahre hat die Super-Energie, nein, die immense Energie, immense Intelligenz diesen Körper gebraucht. [...] Sie werden nie wieder einen Körper wie diesen finden, noch werden Sie jene supreme Intelligenz, die in einem Körper tätig ist, für Hunderte von Jahren wiederfinden« (Lutyens 1991: 149).

Die großen Heiligen Indiens wie Shirdi Sai Bāba (†1918), Taj uddin Bāba oder Swami Samartha sprachen von ihrer Sendung (kārya) in dieser Welt. Darunter verstanden sie die Aufgabe, die spirituelle und moralische Erneuerung der Gesellschaft einzuleiten. Diese Heiligen sprachen auch davon, daß ihr Wirken so lange andauern würde, bis ihre Sendung erfüllt sei. Krishnamurti sprach ebenfalls von seiner »Arbeit«. Diese Arbeit nannte er die »Befreiung des Menschen« (Jayakar 1988: 82) oder auch die Umwandlung des Individuums und der Gesellschaft durch die Liebe (Lutyens 1983: 76). Mit dieser Aufgabe vor Augen ging er vorsichtig mit seinem Körper um. Er sagte: »Ich darf nichts tun, was dem Körper abträglich wäre. Ich bin dieser Meinung wegen der Aufgaben, die ›K‹ in dieser Welt zu erfüllen hat« (Lutyens 1991a: 116).

Auch von anderen wurde Krishnamurti als Träger einer großen Aufgabe gesehen. Ein Guru der Siddha-Tradition in Andhraprādesh erzählte seinem Jünger vor seinem Tod von einem großen Wesen, das in der Welt lehre, und hieß den Jünger, es ausfindig zu machen. Der Jünger suchte an verschiedenen Orten im Lande nach diesem Wesen und sah Krishnamurti. Als der Jünger seinem Guru von Krishnamurti erzählte, war der Guru der Meinung, Krishnamurti sei jenes Wesen. Er sagte seinem Jünger, Krishnamurti werde nach seinem Tod dessen Guru sein (Jayakar 1988: 415).

Ein anderes gewichtiges Beispiel ist die Begegnung zwischen Ananda Mayi Ma (1896–1982) und Krishnamurti in Indien. Ananda Mayi Ma galt in Indien als eine große Heilige und zugleich als eine Inkarnation der weiblichen Kraft und Mutter des Universums. Sie sagte zu Krishnamurti, sie habe vor vielen Jahren sein Bild gesehen und gleich gewußt, daß er sehr »groß« sei. Als sie ihn besuchte, fragte sie: »Warum verleugnen Sie Gurus? Sie selber sind ein Guru der Gurus.« (Jayakar 1988: 149) Krishnamurti antwortete: »Menschen verwenden den Guru als eine Krücke.« Gleich ob Krishnamurti eine Inkarnation von Maitreya war oder nicht, ist die Aussage von Ananda Mayi Ma eine große Huldigung für Krishnamurti. Ein besseres Prädikat hätte er sich von spiritueller Seite nicht wünschen können. Die Äußerung Ananda Mayi Mas belegt, daß seine Persönlichkeit eine mystische Dimension besaß. Mit dieser Meinung war sie nicht allein. Vinoba Bhave, ein enger Anhänger von Mahatma Gandhi, der im unabhängigen Indien Gandhis Ideale umzusetzen versuchte, erhob Krishnamurti viel höher als alle anderen, und verglich ihn mit Krishna und Annie Besant mit Yasoda, Krishnas Pflegemutter (Jayakar 1988: 227).

Diese mystische Dimension spürten auch seine Freunde und Zuhörer oft. Krishnamurtis Biographinnen Pupul Jayakar und Mary Lutyens berichten von einer Energie, die während ihrer Gespräche mit ihm den Raum durchdrang. Mary Lutyens spürte diese Kraft 1979 in Brockwood während eines Gesprächs. In diesem Gespräch versuchte sie die mystische Dimension Krishnamurtis intensiv zu befragen. Plötzlich fühlte sie eine starke Energie im Zimmer. Krishnamurti fragte sie: »Können Sie es in dem Zimmer fühlen? Es wird stärker und stärker« (Lutyens 1983: 228). Nach einem anderen Gespräch über die Publikation von »The Years of Awakening«, der Biographie Krishnamurtis, wollte Mary Lutyens den Ort verlassen. Nach dem Gespräch zog sich Krishnamurti bereits in sein Schlafzimmer im oberen Stock zurück. Als Mary Lutyens ihren Mantel aus der Garderobe holen wollte, wurde sie von einer starken »Brandung« der Energie getroffen, die gegen ihr Gesicht stieß (Lutyens 1983: 186).

Pupul Jayakar berichtet von einer immensen Energie, die sie in Ooty 1948 fühlte, als Krishnamurti auch in Indien die Kundalini-Erfahrung machte. Sie schreibt: »Dort war eine spürbare, pulsierende Stille und eine immense Kraft, die sich ins Zimmer ergoß und uns überwältigte« (Jayakar 1988: 130). Oder, bei einer anderen Begegnung: »Die Diskussion selbst schuf eine Atmosphäre der Energie im Zimmer. Wie eine Flamme durchdrang sie die Pforten des Bewußtseins.« (Jayakar 1988: 284)

1970 war Krishnamurti zu Gast bei einem B. Shiva Rao in Delhi. Er führte mit Pupul Jayakar und G. Sudarshan eine Diskussion über den Tod. Der Gastgeber war sehr krank, und nach ärztlicher Meinung würde er die Krankheit nicht überleben. Krishnamurti sagte, Shiva Rao würde nicht sterben, sondern sich erholen. Er sagte weiter, daß niemals jemand in einem Haus gestorben sei, während Krishnamurti sich in demselben Haus aufhielt (Jayakar 1988: 299).

Es wird von Krishnamurtis heilenden Kräften und von seiner magischen Ausstrahlung berichtet. Er hatte eine bestimmte Technik der Heilung: Der Kranke saß auf einem Stuhl, Krishnamurti stand hinter dem Kranken und legte seine Hände auf den Kopf des Patienten. Seine Hände schienen etwas aus dem Patienten zu sich zu ziehen. Krishnamurti schüttelte es dann von seinen Händen ab. Er wiederholte dieses mehrmals und legte wieder seine Hände für eine Weile auf den Kopf des Kranken. Dann sollte der Kranke eine Weile im Stuhl ruhig sitzen bleiben. Nach jeder Behandlung wusch er sich die Hände (Jayakar 1988: 208). So behandelte Krishnamurti auch Aldous Huxley, der auf einem Auge blind war (Jayakar 1988: 90), sowie den jungen Ghanashyam Mehta, den Neffen von Pupul Jayakar. Die Ärzte stellten fest, daß Ghanashyam nie normal sehen würde, da der Sehnerv seines Auges nicht ausgebildet sei. Dank Krishnamurtis Heilkräften verbesserte sich das Auge (Jayakar 1988: 161). Nandini Mehta, die Mutter von Ghanashyam und die Schwester von Pupul Jayakar, erlebte auch die schützende, stille und mystische Anwesenheit Krishnamurtis während ihrer schlimmen

Krankheit und ihrer Krebsoperation. Unter Vollnarkose verlor Nandini Mehta ihr Bewußtsein nicht und hörte die ganze Zeit ein schallendes Lachen (Jayakar 1988: 185). Den Sterbenden übertrug Krishnamurti innere Ruhe. Danach war ihre Trauer beendet, und sie erlebten einen sanften Tod (Jayakar 1988: 335).

Bei alldem ist auf einen Punkt zu achten: Krishnamurti wollte nie als Wunderheiler gelten. Genausowenig wollte er seine Vorträge als Massentherapie verstanden wissen. Pupul Jayakar schreibt über seine Heilkraft: »Er verwendete sie selten und nur geheim. Bezüglich der Heilung war er scheu und entschuldigte sich sogar, wenn er von ihr sprach« (Jayakar 1988: 90). Er fürchtete, daß die Heilungen das Ego des Heilers stärken würden. Daher vermied er jede Diskussion über sie. Zu Vimal Thakar, deren Ohrenkrankheit er heilte, sagte er lediglich, daß zur Heilung einerseits der Heiler und andererseits der zu Heilende gehörten (Thakar 1989, auch in Jayakar 1988: 208). Noch im hohem Alter besaß Krishnamurti diese Kraft. 1985, als es ziemlich sicher war, daß Krishnamurti nicht mehr lange leben würde, traf sich Mark Edwards mit ihm. Edwards hatte einen anstrengenden Monat in Indien hinter sich. Als Krishnamurti Edwards Hand in die seine nahm, wurde die ganze, einen Monat lang aufgestaute, Müdigkeit entfernt (Lutyens 1991: 126; Mary Lutyens zitiert hier aus einem Bericht, den Mark Edwards anfertigte).

Krishnamurti wollte aber nicht den Körper allein, sondern vor allem den Geist und das Herz heilen (Lutyens 1983: 22). Körperliche und seelische Verfassung standen für ihn in einem engen Zusammenhang. Er erzählte einmal seinen Zuhörern von einem kranken Freund, den er geheilt habe. Einige Monate danach kam dieser Freund wegen eines Verbrechens ins Gefängnis. Krishnamurti stellte die Frage: »Wen hätten Sie lieber? Einen Lehrer, der Ihnen den Weg zeigt, welcher Ihr Leben ein für allemal heil erhält, oder einen Lehrer, der Ihre Wunde vorübergehend heilt?

Wenn der Geist und das Herz nicht geheilt werden, kommt die Krankheit sowieso zurück.« (Lutyens 1983: 22)

Krishnamurti sagte, daß er als Kind Gegenstände magnetisieren, Briefe in geschlossenen Umschlägen und Gedanken lesen konnte (Jayakar 1988: 28). Seine Besucher konnten vor ihm keine Masken tragen. Er wollte aber nicht in ihr inneres Leben einblicken, da dies so gewesen wäre, als habe er in ihren privaten Briefen gelesen (Lutyens 1983: 202).

Zu derselben Dimension seiner Persönlichkeit gehörte auch seine Fähigkeit, die Räume, in denen er sich aufhielt, mit guten »Schwingungen« zu erfüllen. Bevor er ein Zimmer bezog, reinigte er es immer. Seine Begleiter spürten, daß die »Räume« nach der Reinigung eine außergewöhnliche Atmosphäre besaßen (Lutyens 1991: 144). Mary Lutyens berichtet von einem Diamantring, den ihre Mutter immer trug. Wenn Krishnamurti sie besuchte, gab ihre Mutter Krishnamurti den Ring. Krishnamurti pflegte den Ring auf seinem Finger zu tragen und ihn ihr nach einer Weile zurückzugeben. Die Diamanten des Ringes glänzten danach immer, als seien sie von einem Juwelier gereinigt worden. Mary Lutyens selbst erlebte es mehrmals, nachdem sie diesen Ring von ihrer Mutter geerbt hatte (Lutyens 1991: 116).

Diese Fähigkeiten belegen, daß Krishnamurti ein außergewöhnlicher Mensch war. Sie sind jedoch keine Antwort auf die Frage, ob er ein Messias war. Mary Lutyens versuchte intensiv, durch Gespräche mit Krishnamurti dieses Geheimnis zu ergründen. Sie schlug ihm dabei drei mögliche Erklärungen seines Geheimnisses vor: 1. Die Theorie von Annie Besant und C. W. Leadbeater, daß Krishnamurti ein Fahrzeug des Maitreya sei, sei möglicherweise wahr. 2. Es gäbe eine unerschöpfliche Quelle der »Güte«, aus welcher alle Künstler, Genies und Heiligen schöpften. Zu dieser Quelle habe auch Krishnamurti Zugang. 3. Krishnamurti könne sich durch viele Geburten hindurch entwickelt haben, um den jetzigen Zustand zu erreichen.

Mit der dritten Hypothese hatte selbst Mary Lutyens Schwierigkeiten, da sich Krishnamurti in seiner Jugend für Sport und Motorräder interessiert hatte und geistig gesehen »leer« war. Krishnamurti selbst lehnte auch die Hypothesen 1 und 2 ab, ohne allerdings selbst die Frage nach seinem Geheimnis beantworten zu können. Er sagte, wenn die Menschen sich dazu entschlössen, so könnten sie es auch ergründen. Ein absolut stiller Geist sei zur Ergründung seines Geheimnisses notwendig. Er könne aber sein eigenes Geheimnis nicht herausfinden. Er stellte die Frage: »Also, was ist die Wahrheit?« und antwortete selbst: »Ich weiß es wirklich nicht« (Lutyens 1983: 227).

§ 9 Der geistige Weg zur Befreiung

Man hat Krishnamurti unnützes Reden und Nichtstun vorgehalten. Seine Reden über Gewalt, Krieg und andere Menschheitsprobleme wurden von manchen als Heuchelei verstanden, da er nichts zu ihrer Bekämpfung unternehme. Ein Zuhörer fragte ihn: »Viele Menschen verhungern. Diese müssen unmittelbar etwas tun, um zu überleben. Was für einen Sinn kann für diese all das haben?« Und weiter: »Wir sind eine Minderheit, eine kleine Gruppe. Die große Majorität in Indien, Asien, in einigen Teilen Europas und Amerikas verhungert wirklich. Wie kann das, was wir hier sagen, eine Wirkung auf alle diese Menschen haben?« (Krishnamurti 1984: 39). Am direktesten wurde die Frage so formuliert: »Warum verschwenden Sie Ihre Zeit mit Reden, anstatt der Welt auf praktische Weise zu helfen?« (Lutyens 1983: 76) Für Krishnamurti war jedoch die innere Revolution der Ausgangspunkt wahrer Veränderungen. Er ging davon aus, daß das Bewußtsein des einzelnen Menschen das Bewußtsein von der Welt sei. Eine radikale Änderung des Bewußtseins des einzelnen würde auch zur Änderung der Welt führen. Nur wenn man diese Auffassung seiner Philosophie nicht sieht, stellen sich solche Fragen wie die obigen. Krishnamurti aber begriff sein Reden zu den Menschen als Weg zur Befreiung der Menschheit. Er redete unermüdlich. Er sah darin den Sinn seines Lebens, und darin bestand seine Arbeit. In den letzten Jahren seines Lebens sagte er ausdrücklich, daß er reden müsse; das Reden aufzugeben oder sogar zu verringern bedeute eine Einmischung in sein Schicksal. Er sagte zu Mary Zimbalist: »Wenn ich nicht rede, wird es vorbei sein« (Lutyens 1991: 108). 1980 sagte er zu Pupul Jayakar, daß sein Körper sterben würde, wenn er zu reden aufhöre. Sein Körper habe den einzigen Zweck, die Lehre zu offenbaren (Jayakar 1988: 497).

Aber hatten Krishnamurtis Reden Einfluß auf die Mitmenschen? Bewirkte er etwas auf seine Art? Wenn wir die Weltgeschichte seit 1924, also seit Krishnamurtis Kundalini-Erfahrung, betrachten, stellen wir mit Enttäuschung fest, daß sie weiterhin und sogar zunehmend von Gewalt und Krieg gekennzeichnet ist. Bald wurde die Erde vom Zweiten Weltkrieg heimgesucht. Die Menschheit wurde Zeuge eines Barbarismus, der in seinem Ausmaß und seiner Qualität alles Bisherige übertraf. 1940 marschierten deutsche Soldaten in Holland ein und besetzten das Land. Vor 1929 hielt Krishnamurti jeden Sommer in Ommen in Holland Reden. Diese sogenannten Summercamps wurden zahlreich besucht. 1929 schwor Krishnamurti hier an diesem Ort der T. G. in seiner berühmten Rede ab (Jayakar 1988: 36), welche zugleich der stärkste Ausdruck gegen jede Art der Autorität war. Während der deutschen Besatzung wurde der Lagerplatz zum KZ umgewandelt. So blieb dieser Ort von der schlimmsten Form der Autorität nicht verschont: ein Paradox.

Welche Funktion oder welche Wirkung hatte Krishnamurtis Reden? Er wies auf jeden Fall darauf hin, daß sich niemand von Schuld freisprechen könne und negative Emotionen nahezu in jedem Menschen vorhanden seien. Er schrieb: »Es ist einfach, Hitler und Mussolini etc. zu

beschimpfen. Aber diese Neigung zur Herrschaft und das Verlangen nach Macht liegt im Herzen nahezu jedes Menschen; so haben wir Kriege und Klassenhaß« (Lutyens 1991a: 93). In einer Rede verärgerte er seine amerikanischen Zuhörer mit der Aussage: »Sie sollten sich mit dem Krieg auseinandersetzen, der sich in Ihnen abspielt, nicht mit dem äußeren Krieg« (Lutyens 1983: 55). Oder er schrieb: »Der Krieg ist eine Folge des sogenannten Friedens, welcher eine Reihe von alltäglichen Brutalitäten, Ausbeutungen, Engstirnigkeiten usw. ist... Der Krieg ist ein spektakulärer Ausdruck unseres täglichen Verhaltens« (Lutyens 1983: 57). Auch die Ereignisse nach dem Zweiten Weltkrieg erwecken kein positives Bild: Korea-Krieg, Vietnam-Krieg, Kalter Krieg... Die geschichtlichen Ereignisse bekräftigen den Eindruck, daß Krishnamurtis Lehre und seine Präsenz in der Welt keine positive Wirkung erzeugen konnten. Der Verfall der Moral, die Zunahme von Gewalt, Armut und globalen Problemen blieben von ihm unbeeinflußt.

Krishnamurti war einigen berühmten Persönlichkeiten begegnet, die direkt oder indirekt mit Politik zu tun hatten. Einer von ihnen war Mahatma Gandhi. Krishnamurti traf sich mehrmals mit ihm, ohne daß es allerdings zu gegenseitigem Verständnis geführt hätte. Einzelheiten dieser Gespräche sind nicht bekannt. Mary Lutyens berichtet uns nur, daß Krishnamurti von Gandhi nicht beeindruckt war. Viel später (1983) sagte Krishnamurti in einem Interview, Gandhi sei ein sehr gewalttätiger Mensch gewesen (Lutyens 1991: 70). Es ist nur zu vermuten, daß Krishnamurti immer Gandhi im Sinne hatte, wenn er über Gewalt und Gewaltlosigkeit sprach. Gandhi war ein Denker, der von den geistigen Traditionen Indiens sehr geprägt war. So beruht auch seine Vorstellung von Gewaltlosigkeit vor allem auf den religiösen und philosophischen Traditionen von Jainismus, Buddhismus und Hinduismus. Es ist schwierig, sich vorzustellen, daß Gandhi Krishnamurtis Gedanken, die die Tradition verwerfen, sympathisch fand. Gandhi kann Krishnamurti schwerlich ernst genommen haben.

Auch Vinoba Bhave, der nach Gandhis Tod dessen Ideale zu verwirklichen versuchte, war sehr von der indischen Tradition beeinflußt. Er gründete die »Bhuudaan«-Bewegung, in welcher er eine Lösung für die Armut Indiens sah. Durch seine »Pāda yātrās« (Reisen zu Fuß) von Dorf zu Dorf bewegte er die reichen Bauern dazu, ihr überflüssiges Ackerland freiwillig den Armen zu schenken. Diese Bewegung gewann großes Ansehen unter den Politikern, den Intellektuellen und den Reichen Indiens. Viele nahmen an diesen »Reisen zu Fuß« teil. 1959 besuchte Vinoba mit seinen Anhängern Krishnamurti in Pahalgaon, das auf dem Pilgerweg zu dem in den Höhen des Himalayas liegenden Amarnath lag. Die beiden unterhielten sich über Themen wie Gott, Freiheit, Politik. Die Begegnung schien Vinoba sehr zu beeinflussen. Er sagte offen zu Krishnamurti, das Gespräch sei für ihn sehr erhellend gewesen. Er wolle nicht mehr zu dem Pilgerort Amarnath gehen, da Gott überall sei (Jayakar 1988: 226). Nach diesem Treffen konnte man in den Reden Vinoba Bhaves eine neue Orientierung spüren, und er gestand öffentlich, dies sei Krishnamurti zu verdanken (Jayakar 1988: 226). Als Krishnamurti davon erfuhr, sagte er: »Vinoba sagt, er stimme mir zu. Aber er führt seine Arbeit fort wie zuvor. So hat es keinen Sinn, daß er mit mir einverstanden ist« (Jayakar 1988: 227). Krishnamurtis eigener Ansicht nach hatten seine Ideen Vinoba eigentlich nicht beeinflußt! Im großen und ganzen war die Bhūdān-Bewegung kein großer Erfolg. Sie war aber in den fünfziger Jahren ein Gegengewicht zum Kommunismus in Indien, der unter den armen Landarbeitern und den Intellektuellen Wurzeln zu schlagen begann. Krishnamurtis Vorschlag lautete, eine innere Revolution im Menschen zu verwirklichen anstatt nach traditionellen oder marxistischen Vorstellungen zu handeln. Sein revolutionärer Ansatz basierte nicht auf einem politischen oder gesamtgesellschaftlichen Konzept, sondern zielte auf die innere Haltung des einzelnen. An dieser Auffassung hielt er schon seit langem fest, wie frühere Beispiele zeigen.

Pupul Jayakar berichtet von einem Treffen im Jahre 1948 zwischen Jawaharlal Nehru, dem ersten Premierminister Indiens, und Krishnamurti. Ein Jahr zuvor war Indien unabhängig geworden. Das Land erlebte unerhörte Gewalt und Haß zwischen Hindus und Moslems. Die divergierenden Kräfte bedrohten die Integrität des Landes. In dieser Situation suchte Nehru die Antwort auf die Frage: »Was ist die richtige Handlung, und wie handelt man richtig?« Krishnamurti verbrachte gerade einige Monate in Ooty, in den Nilagiri-Bergen in Südindien, wo er seine zweite Kundalini-Erfahrung machte. Hier hielt sich auch Nehru auf und bat Krishnamurti um ein Gespräch. Als Nehru ihn fragte, was die richtige Handlung und der richtige Gedanke seien, hatte er bestimmt die enorme Aufgabe im Sinn, die er als Premierminister eines großen Landes zu erfüllen hatte. Krishnamurtis Vorstellungen aber richteten sich nicht nach der aktuellen Situation oder der jeweiligen Person. Er antwortete: »Die richtige Tat kann erst erfolgen, wenn das Bewußtsein still ist und wenn der Gegenstand erkannt wird« (Jayakar 1988: 128). Krishnamurti meinte, um Indien und die Welt vor dem immer größer werdenden Chaos zu retten, müsse der Mensch in sich einen Prozeß der Selbstregeneration herbeiführen. Einige Monate später trafen sie sich wieder in Delhi. Krishnamurti wiederholte seine Antwort, daß das Individuum sich radikal ändern müsse, damit das Land und die Welt gerettet werden könnten. Nehru bemerkte: »Das [die innere Änderung des Individuums] muß ein langsamer Prozeß sein, während die Desintegration sich rasant ausbreitet« (Jayakar 1988: 147). Mit diesem Einwand mißt Nehru Krishnamurtis gesamte Philosophie an der Praxis und stellt ihre Umsetzbarkeit in Frage. Aus dem Gespräch kann man schließen, daß Nehru sich von Krishnamurtis Vorstellungen nicht überzeugen ließ. Nehrus Probleme waren akut und dringend. Pupul Jayakar bemerkt, daß zwischen den beiden kaum eine Kommunikation stattfand (Jayakar 1988: 148).

Später sagte Krishnamurti, Nehru habe einen feinen und sensiblen Geist. Der Einsatz eines solchen Geistes für die Politik sei eine Vergeudung. Und sogar: »Politik ist tödlich.« (Jayakar 1988: 148) Diese Haltung könnte dahingehend mißverstanden werden, daß Politiker von Krishnamurtis Philosophie nicht profitieren können. Richtig ist aber lediglich, daß es in Krishnamurtis Denken keinen Raum für vorformulierte Handlungsanweisungen und Antworten gibt. Nehrus Frage nach dem richtigen Handeln verrät, daß er sich nie mit Krishnamurtis Philosophie ernsthaft beschäftigt hatte. Nehru hätte sonst gewußt, daß es in Krishnamurtis Denken keine Teillösungen zu Teilproblemen der Gesellschaft gibt. Man kann Krishnamurtis Philosophie in ihrer Gesamtheit verwirklichen und aus ihr heraus handeln. Anderes ist nicht möglich. Daher kann es keinen »Krishnamurti-Ratgeber für Politiker« (oder Manager) geben.

Pupul Jayakar berichtet auch von Krishnamurtis Begegnungen mit Indira Gandhi, der Tochter von Nehru, die wie ihr Vater Premierministerin Indiens war. Indira Gandhi befand sich in einer ganz anderen historischen Situation als Nehru. Die indische Gesellschaft sowie die internationalen Beziehungen waren zu ihrer Zeit viel komplexer. Der Einfluß der Konflikte zwischen den Supermächten war auf dem Subkontinent deutlich zu spüren. Politik und Gesellschaft drohten ins Chaos zu stürzen. In einer bestimmten Situation verhängte Indira Gandhi den Ausnahmezustand, welcher die verfassungsmäßig garantierten Grundrechte der Bürger außer Kraft setzte. Da die Demokratie in Indien aber nach der Unabhängigkeit 40 Jahre lang funktioniert und den Alltag zum größten Teil bestimmt hatte, war es nicht möglich, den Ausnahmezustand sehr lange aufrechtzuerhalten. Es gab Proteste von seiten der Gesellschaft und bei den Politikern der Opposition. Diese Proteste, die manchmal nicht gewaltlos verliefen, bekräftigten die Angst der Regierung und der Premierministerin, daß dem Land ein Kollaps drohe. Die Regierung wappnete sich mit einem MISA- (maintainance of internal security act) Gesetz. Nach diesem Gesetz konnte man Bürger, ohne den Grund vor dem Richter nennen zu müssen, verhaften lassen und ohne Prozeß für lange Zeit im Gefängnis festhalten. Vermittels dieses Gesetzes wurden viele Politiker der Opposition verhaftet. Auch Künstler, Schriftsteller und Intellektuelle waren vom Ausnahmezustand betroffen, da er Auswirkungen auf die Rede-, Bewegungs-, Publikations- und Versammlungsfreiheit hatte. Bei seinen jährlichen Vortragsreisen mußte sich Krishnamurti sogar überlegen, ob er nach Indien reisen solle, da er in allen seinen Reden antiautoritäre Haltung und Freiheit proklamierte und Menschen zu dieser Haltung ermutigte. Krishnamurti beratschlagte sich mit Pupul Jayakar über die Lage in Indien und fragte sie, ob es ratsam sei, nach Indien zu fahren, ob er seine Vorträge halten und das Land wieder ungehindert würde verlassen können. Er empfand diese Vergewisserung als seine Pflicht und als die Pflicht derer, die um ihn waren, den Körper zu schützen, da er seine Mission zu erfüllen habe.

Im Herbst 1976 kam Krishnamurti nach Indien, und Pupul Jayakar war seine Gastgeberin. 1976 traf sich Indira Gandhi mit Krishnamurti bei Pupul Jayakar, ihrer Freundin. Bei dem persönlichen Gespräch mit Krishnamurti ging es für Indira Gandhi, wie auch früher für ihren Vater, um das richtige Handeln. Sie schilderte Krishnamurti, ihre Lage sei der einer Reiterin auf dem Rücken eines Tigers ähnlich und sie wisse nicht, wie sie absteigen solle: Ihre Lage sei so gefährlich. Sie bat ihn um eine Lösung. Krishnamurti lehnte es ab, eine Lösung vorzuschlagen. Seine Haltung zu dieser Frage unterschied sich im wesentlichen nicht von der, die ihr Vater kennengelernt hatte. Krishnamurti sagte aber, daß Indira Gandhi ihre Konflikte, Taten und Fehler als ein Problem anschauen und dann ohne persönliche Motive und Angst vor Konsequenzen handeln solle (Jayakar 1988: 346).

Der Ausnahmezustand war in der Geschichte des unabhängigen Indiens eine Schreckensperiode, während derer das Land in ein autoritäres politisches System zu stürzen drohte. Die Demokratie war in Gefahr. Indira Gandhi sagte Pupul Jayakar einige Jahre danach, daß der Gedanke, den Ausnahmezustand aufzuheben und neue Parlamentswahlen anzukündigen, während des zweiten Gesprächs mit Krishnamurti in ihr aufkam (Jayakar 1988: 346). Hier könnte man eine konkrete Situation aufzeigen, in der Krishnamurti direkt auf das Schicksal eines Landes eingewirkt hatte. Indira Gandhis Regierung kündigte bald nach der Aufhebung des Ausnahmezustandes die Wahlen an, die Indira Gandhi verlor (1977).

Indira Gandhis Wahlniederlage erlebten Indien und die Welt als einen Sieg der Demokratie und der demokratischen Institutionen. Daraus leitete jeder eine gute Zukunft für das Land und die Gesellschaft ab. Aber die Opposition, die an die Macht kam und die Regierung bildete, verriet diese Hoffnungen. Da die siegreiche Janata-Partei von Politikern geführt wurde, die unterschiedliche Ansichten und Prioritäten hatten, fehlte es am Konsens in der Regierung. Bald stürzte die politische Lage ins Chaos. Als Indira Gandhi nach zwei Jahren wieder an die Macht kam, war der moralische Verfall der Politiker in vieler Hinsicht unverkennbar. Wenn man den Hergang dieses Verfalls betrachtet, fragt man sich, wie heilsam eigentlich der Einfluß Krishnamurtis auf die indische Politik war. In diesem Zusammenhang ist es bemerkenswert, daß Krishnamurti in einem Brief aus dieser Zeit schrieb, daß es in Indien niemanden gebe, der seine Lehre lebe.

Morarji Desai war der Nachfolger Indira Gandhis. Viele

Jahre zuvor (1948) hatte er sich mit Krishnamurti getroffen. Desai war ein orthodoxer Hindu. Er diskutierte mit Krishnamurti über die heiligen Schriften Indiens. Desai war entsetzt, als Krishnamurti ihm erzählte, daß er nie die heiligen Schriften, auch nicht das »Bhagavatgita«, las. Desai gestand, daß er von Krishnamurti nicht beeindruckt war (Jayakar 1988: 155).

§ 10 Krishnamurti-Schulen

Kindererziehung stellte einen Schwerpunkt in Krishnamurtis Persönlichkeit und in seiner Arbeit dar. Er widmete sich dieser Aufgabe leidenschaftlich. In der richtigen Erziehung der Kinder sah er die Basis für den Weltfrieden. Die richtige Erziehung war seiner Ansicht nach diejenige, die Kinder ohne Vorurteile, Prägung durch Religionen, Ideologien, nationalistisches Gedankengut und ohne Konkurrenzdenken sich vollkommen entfalten läßt (Lutyens 1991a: 87). Eine solche Erziehung sorge dafür, daß das Bewußtsein der Kinder nicht konditioniert werde, und gewährleiste volle Freiheit. Krishnamurti hielt es auch für möglich, daß Kinder in seinen Schulen ohne Konkurrenz akademisch gut ausgebildet werden könnten (Lutyens 1991a: 87). Er wollte, daß alle Lehrer wie er selbst ein entkonditioniertes Bewußtsein haben und durch ihre Liebe und Ehrlichkeit das Vertrauen der Kinder gewinnen könnten. Seine Schulen, die von solchen Idealen getragen werden, betrachtete er als eine »Oase« in der Welt, verglichen mit dem Chaos, das überall herrsche (Jayakar 1988: 287). Er nannte sie sogar »heilig« (ein Wort, das er ungern benutzte), da sie Orte des Lernens seien. Beide Wörter, »heilig« und »lernen«, verstand Krishnamurti nicht im gewöhnlichen Sinne (s. u. Kapitel 7).

Es gehörte zu Krishnamurtis Haltung gegenüber seinen Zuhörern oder Besuchern, daß er für sie keine Verantwortung übernehmen wollte und daß er ihnen grundsätzlich keine Vorschläge machte, keine Lösungen anbot. Er kritisierte die Tradition und die Methoden und Techniken der Tradition – sei es Meditation, Gott oder Religion, ohne eine Alternative zu zeigen. Nur in der Erziehung der Kinder sah er einen Bereich, in dem er seine Lehre zugunsten anderer in die Tat umsetzen konnte. Hier hatte er nicht dieselben Vorbehalte, die er gegenüber seinen Zuhörern hatte, die zu seinen Anhängern zu werden drohten. Er schien bereit zu sein, die Verantwortung für die Kinder zu übernehmen. Er wollte, daß auch die Lehrer dieser Verantwortung gewahr würden. Auf seinen Vortragsreisen hielt er sich in seinen Schulen auf und diskutierte unermüdlich mit den Lehrern. In vielen dieser Diskussionen ging es darum, wie die Lehrer entkonditioniert werden könnten, damit Einsicht in ihnen erweckt würde, und wie sie das den Kindern vermitteln könnten (Jayakar 1988: 385–391). Auch mit den Schülern sprach er. Für ihn gab es kaum einen Unterschied zwischen Lehrern und Schülern. Die Schule sollte nach Krishnamurtis Wunsch der Ort sein, wo sich beide auf »natürliche Weise entfalten, und das Anliegen dieser Schule soll es sein, das menschliche Wesen in seiner Ganzheit zu kultivieren« (Krishnamurti 1988a: 13).

Bereits im Jahre 1928 wollte Krishnamurti in seinem Geburtsort Madanapalli eine Universität gründen. Vielleicht war er in dieser Hinsicht von Annie Besants Vorstellungen geprägt, die in Varanasi die »Central Hindu School« gegründet hatte. Ein Jahr nach dem Erwerb eines Grundstücks wurde hier statt einer Universität eine Schule eröffnet. Diese Schule, die immer noch besucht wird und einen guten Ruf genießt, wurde »Krishnamurti School« genannt. Auch alle anderen Schulen, die er gründete, sind »Krishnamurti Schools«. 1934 wurde die »Rajghat School« in der Nähe Varanasis eingerichtet. Ein Pilgerweg, der durch das Schulgelände führte, verband Varanasi mit dem etwa 10 km entfernten Saranath. Hier hatte Buddha nach seiner Erleuchtung seine erste Predigt gehalten, in der er seine Lehre verkündete. 1946 gründete Krishnamurti die »Happy Valley School« in Ojai, USA, in der Nähe des Ortes, an dem er die mystische Erfahrung gemacht hatte. Diese Schule wurde von der »Happy Valley Association« unterstützt, zu deren Vorstandsmitgliedern Aldous Huxley, Rosalind Rajagopal und Krishnamurti gehörten. Mit der Zeit entfernte sich diese Schule von Krishnamurtis Lehre, so daß der Name nur noch eine Fehlbezeichnung war. 1954 gründete Nandini Mehta in Bombay ein kleines Krishnamurti-Zentrum für Waisen, genannt Bal Anand (= Freude der Kinder), das aufgrund ihres Engagements für Krishnamurti und Krishnamurtis langjähriger Verbindung zu ihrer Familie ebenfalls als eine Art Krishnamurti-Schule gilt. 1968 gründete Krishnamurti die »Brockwood School« in England und 1974 im indischen Madras »The School«. 1979 öffnete in einem Tal 10 Meilen entfernt von Bangalore »The Valley School«, die letzte der Krishnamurti-Schulen in Indien, ihre Pforten. Es folgte nach dem Prozeß gegen Rajagopal und dem Bruch mit dessen Familie um 1980 eine zweite Schule in Ojai mit dem Namen »Oak Grove School«. Später wurde neben dieser »Primary School« (1983–84) eine »Secondary Oak Grove School« eröffnet.

Die Schulen bedeuteten Krishnamurti ungeheuer viel. Eines Morgens diktierte er Mary Zimbalist, seiner ständigen Begleiterin in den letzten Jahren seines Lebens, einen Brief bezüglich der neuen Schule in Oak Grove. Das folgende Zitat aus diesem Brief belegt deutlich, welchen Stellenwert Krishnamurti seinen Schulen beimaß: »Sie muß solche Menschen hervorbringen, die religiös fundiert sind, die diese Qualität bei sich tragen, in allem, gleich was sie tun, wohin sie auch gehen, welchen Beruf sie auch ausüben« (Lutyens 1991a: 149). (Das Wort Religion ist hier nicht im üblichen Sinne zu verstehen, sondern wie es in Krishnamurtis Lehre gemeint ist!) Den Eltern gegenüber äußerte er, daß sich die Welt in einem »finsteren Zeitalter« befinde und daß die Kinder abgeschirmt von dieser Welt, unter dem Schutz der Güte erzogen werden sollten (Lutyens 1983: 192). Und zu Rajesh Dalal, einem jungen Ingenieur, der als Lehrer in Krishnamurti-Schulen in Indien arbeitete, sagte er: »... die Welt befindet sich in Finsternis. Sie ist verrückt. Die Gewalt, die Sie um sich überall sehen, ist wahnsinnig. Und diese Orte – Rajghat, Rishi Valley, Brockwood Park und Ojai – müssen zu Zentren des Lichts werden« (Jayakar 1988: 315).

Diese Schulen, die Krishnamurti als »Oasen«, Orte der »Güte« oder »heilig« betrachtete, bereiteten ihm jedoch mit der Zeit zunehmend Sorgen. Die Probleme waren unterschiedlich. Zum einen gab es Meinungsverschiedenheiten zwischen den Mitarbeitern (Jayakar 1988: 139–140; auch Lutyens 1991: 76, 88), zum anderen wurden die Schulen nicht nach Krishnamurtis Vorstellungen geführt. Die Schulen Rishi Valley und Rajghat wurden von Madhavachari, einem wichtigen Mitarbeiter Krishnamurtis, heruntergewirtschaftet. Ein ähnliches Schicksal erlitt auch die Happy Valley School in Ojai. Manchmal gab es Schwierigkeiten zwischen Schülern und Lehrern. So rebellierten zum Beispiel die Schüler in Brockwood, als Krishnamurti die Namen der Amtsträger bekanntgab (Lutyens 1991: 87). Krishnamurti mußte sich selbst mit den organisatorischen Problemen auseinandersetzen, was für ihn in seinen letzten Lebensjahren energieraubend war (Lutyens 1991: 87).

Daß Schüler von Krishnamurti-Schulen – wie von allen anderen Schulen, die nach gewissen Idealen gegründet werden – ihre Schulzeit auch beendeten, ohne die Ideale verwirklicht zu haben, war für Krishnamurti sicherlich eine große Enttäuschung (Lutyens 1991: 114; auch Jayakar 1988: 288–90).

Der Grund liegt letzten Endes nicht in konkreten Problemen zwischen Schülern und Lehrern bzw. zwischen den Lehrern untereinander. Er liegt ganz woanders und scheint mit der Natur der Sendung Krishnamurtis zusammenzuhängen (s. § 58).

In den letzten Jahren seines Lebens war Krishnamurti bemüht, ein »Study Centre« aufzubauen. Er beschäftigte sich intensiv damit, wie das Zentrum aussehen und welchem Zweck es dienen solle, und führte darüber Gespräche mit seinen Freunden. Er hoffte, daß durch ein solches Zentrum seine Lehre nach seinem Tod weiterleben und auf Menschen wirken würde. Es sollte dort auch einen »Quiet Room« geben, wo die Besucher sich in Stille besinnen konnten. Das stille Zimmer sollte in dem Zentrum wie eine Flamme brennen und den ganzen Ort erwärmen.

Obwohl Krishnamurti Alter und Erschöpfung spürte, war er zuversichtlich, daß er noch viele Jahre leben würde, da seine Arbeit es verlangte (Lutyens 1991: 111). Zu Scott Forbes, einem Mitarbeiter der Brockwood Schule, sagte er, daß er noch so lange leben würde, bis das Studienzentrum fertiggestellt sei. Er suchte nach neuen Gesprächspartnern, die ihm herausfordernde Fragen stellen und das Beste aus ihm herausholen konnten. Sonst fühle er sich »verschwendet« (Lutyens 1991: 169). Es war in einer solchen Phase, daß er sich Wissenschaftlern, Professoren und Universitäten zuwendete. Die Krishnamurti-Foundation organisierte Seminare und Tagungen, an denen Wissenschaftler aus verschiedenen Universitäten und Instituten teilnahmen.

§ 11 Krishnamurtis Tod

Aber Krishnamurtis Energie war nicht unerschöpflich. In seinen letzten Jahren wurde er zunehmend müde und fühlte sich nicht wohl. Als Mary Zimbalist ihn fragte, ob sie jetzt in ständiger Angst leben müsse, daß er jeden Augenblick sterben könne, antwortete Krishnamurti, daß er noch lange nicht sterben werde (Lutyens 1991: 111). Er bemerkte sogar, daß er hundert Jahre leben würde, um zu erleben, wie es wäre, so alt zu werden (Lutyens 1991: 78).

Doch diese Prophezeiung trat nicht ein, und das Studienzentrum konnte erst 1987, im Jahr nach seinem Tod, vollendet werden (Lutyens 1991: 111).

Hier kristallisiert sich ein Punkt heraus, in dem sich Krishnamurti von vielen Heiligen Indiens unterscheidet. Die indischen Heiligen, die spirituell weit entwickelt waren oder als Inkarnationen bestimmter Gottheiten galten, wußten ganz genau, wann sie sterben würden. Sie schienen sogar die Art ihres Sterbens selbst bestimmt zu haben. Swami Samartha, der 1877 seinen Körper verließ, kannte genau den Zeitpunkt seines Todes (Krishnamurti 1992: 120–128). Ebenso wußte Sayyad Jalal uddin aus Tamil Nadu, wann er seinen Körper verlassen würde (Krishnamurti 1993: 194), und Shirdi Saibaba kannte ebenfalls den Tag seines Todes (Krishnamurti 1993: 199–211). So kann man unzählige Beispiele heranziehen. Krishnamurti aber wußte nicht, wann er sterben würde. Daß er tödlich an Krebs erkrankt war, war für ihn ein Schock. Immer wieder fragte er sich: »Was habe ich falsch gemacht?« (Lutyens 1991: 135). Es ist schwer zu erklären, warum er keine Kenntnisse über seinen Tod hatte. Diese Tatsache stellt die These in Frage, Krishnamurti sei eine Inkarnation Maitreyas. Die fehlende Kenntnis des Todestages kann man nicht Maitreya zuordnen.

Es mag vielleicht angezweifelt werden, ob Krishnamurti tatsächlich eine Inkarnation Maitreyas gewesen ist. Seine mystischen Erfahrungen und die Integrität seiner Person komplett in Frage zu stellen, wie es die Autorin einer 1991 erschienenen Biographie versucht, geht aber zu weit. Die tendenziösen Darstellungen dieser Biographie werden schon dadurch diskreditiert, weil die Autorin ihr angebliches Wissen erst fünf Jahre nach Krishnamurtis Tod an die Öffentlichkeit trägt. Somit erhebt sie Anklage, ohne dem Angeklagten eine Chance der Verteidigung zu geben.

II. WERK

3. Das Bewußtsein und seine Fragmente

> *»Ich weiß nicht, ob Sie jemals daran gedacht haben, ob ein Leben ohne Vorstellung, ohne Rezept möglich ist und was ein Leben ohne Vorstellungen bedeuten würde. Wir möchten das herausfinden.«*
> (Krishnamurti 1984e: 38)

§ 12 Zuhören, um zu verstehen

Es ist nicht einfach, in die Gedankenwelt Krishnamurtis einzudringen und seine Lehre mit allen Feinheiten zu verstehen. Obwohl seine Aussagen eindeutig sind und er eine unakademische, klare Sprache spricht, ist es schwierig, ihn in seiner subtilen Argumentation zu begleiten. Sein Vokabular übersteigt nicht das Niveau einer Tageszeitung, und sein Umgangston könnte der eines guten Freundes sein. Daher entsteht im Leser schnell das Gefühl: »Ich habe ihn verstanden.« Im nächsten Augenblick zerschlägt Krishnamurti diese Gewißheit mit einem neuen Satz, der den Leser verwirrt. Häufig trat diese Situation auch in Gesprächen auf, wenn Gesprächspartner ihre Meinung oder eine Bemerkung einbringen wollten. Man fragt sich, ob Krishnamurti nur ihre Gewißheit, sie hätten ihn verstanden, ins Wanken bringen wollte. Aber in den meisten Fällen erkennt man im nachhinein, daß die Gesprächspartner seinen subtilen Argumenten nicht folgen konnten und nicht gleich wußten, worauf Krishnamurti hinaus wollte.

Auf diese Weise wird das angenehme Gefühl, einen »Meister« auf Anhieb verstanden zu haben, enttäuscht. Der Leser muß sich weiter der Lektüre unterziehen und sich ins Ungewisse begeben. Sein Unbehagen kann auch eine andere Wende nehmen: Er findet Widersprüche in Krishnamurtis Lehre.

Ohne zu übertreiben, kann man behaupten, *Krishnamurti sei einer der kohärentesten und konsequentesten Philosophen, die es je gegeben hat.* Wie kommt es dann dazu, daß die Leser in seinen Büchern oft Widersprüche sehen oder sich nie sicher sein können, ihn verstanden zu haben?

Das hängt, wie Krishnamurti selbst oft bemerkt, mit dem Verlangen der Psyche nach Sicherheit oder Gewißheit zusammen. Man möchte sich eine Meinung über seine Lehre bilden, ein Urteil über seine Philosophie fällen, sie »toll« finden oder ablehnen. Man ist ungeduldig und beunruhigt. Krishnamurti merkt an: »Man hört eigentlich nie einem anderen zu. Wenn man das tut, ist immer eine Abwehr gegen das Gesagte dabei – eine Abwehr gegen etwas, das neu ist. Es gibt diese unmittelbare Reaktion der Abwehr gegen das Neue, weil es beunruhigen kann. Es gibt eine Kunst des Hörens: Dem zuzuhören, was gesagt wird. Nicht nach eigener Zweckdienlichkeit, nach traditionellem Sprachverständnis zu interpretieren, sondern dem Wort zuzuhören, dem Sinn des Wortes, und dafür Sorge zu tragen, daß wir uns verstehen.« (Krishnamurti 1984b: 8) Er bittet darum, daß man ihm ohne eigene oder fremde Vorurteile und Schlußfolgerungen zuhört. »Hören Sie zu, um zu verstehen. Nicht bloß, um zu widerlegen oder anzunehmen.« (Krishnamurti 1991: 26)

Jede voreilige Überzeugung, Krishnamurti verstanden zu haben, wirkt sich nachteilig aus, erschwert den Zugang zu seiner Lehre. Nur einem Geist, der keine Vorurteile hat, kann sich seine Lehre leicht eröffnen.

Es ist ratsam, auf den folgenden Seiten sowie allgemein bei der Lektüre Krishnamurtis nicht sofort seine Ansichten auf eigene Erfahrungen hin zu prüfen und zu bewerten, sondern auf die innere Stimmigkeit seiner Aussagen zu achten.

§ 13 Die bedingungslose Befreiung des Menschen

Krishnamurtis Ansprache vom 3. 8. 1929, mit der er den Bruch mit der T. G. vollzog, kann man als Präambel für sein gesamtes Werk betrachten. In ihr drückt er seine Auffassung von Wahrheit, Freiheit und seiner Berufung präzise und prägnant aus. Die Samen scheinen später in seinen Werken und in seinem Leben aufgegangen zu sein und ein reichhaltiges Gedankengut zu entfalten.

In dieser Ansprache lehnt Krishnamurti seine Rolle des Messias (Weltlehrers) ab, die die T. G. für ihn vorgesehen hatte, und schwört der T. G. ab. Doch nimmt er gleichzeitig auch sehr deutlich eine messianische Aufgabe ganz anderer Natur auf sich. Er nennt sie mit klaren Worten: die bedingungslose Befreiung des Menschen.

Bereits vor 2500 Jahren wollte Buddha den Menschen aus der Trauer der Welt und der Existenz heraushelfen. Jesus wollte sie von ihren Sünden erlösen und ihnen zum Himmelreich verhelfen. Alle Religionsstifter und Propheten fühlten sich direkt oder indirekt zu ähnlichem berufen. Erlösung oder Freiheit ist auch das Thema vieler Philosophen, darunter westliche Vertreter wie Kant, Hegel oder die Existenzphilosophen des zwanzigsten Jahrhunderts. Nicht zu vergessen Karl Marx, der den Menschen seinem Wesen nach für absolut frei hielt und ihn nur aufgrund der historischen Entwicklungen als versklavt ansah.

Im Licht der Geschichte betrachtet, scheint auch Krishnamurti ein ähnliches Versprechen zu machen, sich einer ähnlichen Herausforderung zu stellen. Da er in jener Ansprache betont, daß die Befreiung des Menschen sein einziges Anliegen sei, aber auch deutlich sagt, er habe keine neuen Theorien, keine neue Philosophie oder Religion zu verkünden, können wir annehmen, daß die Art und Weise, wie er seine Berufung erfüllen möchte, ganz anders sein wird als die der Propheten bisher. Seine Absage an Anhängerschaft und die kompromißlose und radikale Verwerfung jeglicher Tradition und Organisation bekräftigen diese Annahme.

Während die Propheten und Religionsstifter bislang Gehorsam und Bekenntnis von den Menschen verlangt hatten und ihnen gewisse Praktiken vorschrieben, als deren Gegenleistung sie Erlösung in Aussicht stellten, verlangt Krishnamurti nichts Derartiges. Er stellt keine Bedingungen, von Gehorsamsgelübden ganz zu schweigen. Befreiung ist bei ihm nicht das Ergebnis streng befolgter religiöser oder esoterischer Handlungen. Sie ist einzig und allein über die unerbittliche Beobachtung und Reflexion des Bewußtseins und des Lebens zu erlangen. Bei dieser Aufgabe kann dem Menschen keine Theorie, Philosophie oder Technik helfen, auch kein anderer Mensch wie ein Guru oder Meister.

Das Bewußtsein steht im Zentrum der Philosophie Krishnamurtis. Nur aus diesem Bereich heraus kann man bei ihm Themen wie Wahrheit, Gott, Liebe und anderes verstehen. Die Erkenntnisse, die man über diese Themen gewinnt, sind bei Krishnamurti nichts anderes als Nebenprodukte der Selbsterkenntnis.

Dem reinen Bewußtsein aber begegnen wir nirgends. Wenn es in philosophischen Werken Gegenstand der Forschung ist, so oft als Ergebnis akademischer oder theoretischer Abstraktion: Es muß durch Reduktionen heraus »präpariert werden« (Husserl 1950: 182). Dem Bewußtsein kann man nur in konkreten Situationen, in Verbindung mit den Menschen und der Welt, begegnen. Der Mensch scheint Träger des Bewußtseins zu sein. Krishnamurti, der zu keinen künstlichen Abstraktionen neigt, betrachtet das Bewußtsein im Zusammenhang mit den Menschen und ihren Prägungen – ihrer Geschichte, Kultur, Religion, Erziehung und so weiter.

Obwohl er sich nicht für Theorie oder Abstraktion interessiert, ist seine Auffassung vom Bewußtsein sehr differenziert. Ihm ist vollkommen klar, daß das Bewußtsein letzten Endes mit der Materie nichts zu tun hat. Er trifft eine klare Unterscheidung zwischen dem Bewußtsein und dem Gehirn und behauptet, das Bewußtsein sei etwas völlig anderes. Deshalb wird auf den folgenden Seiten – anders als in Krishnamurtis nicht ganz systematischem Vokabular – nur der Begriff »Bewußtsein« verwendet werden, um die beiden Themenbereiche der Klarheit halber auseinanderzuhalten. (Zum Begriff »Bewußtsein« bei Krishnamurti vgl. Kapitel 5, §§ 35–38.)

§ 14 Wo es Konditionierung gibt, da gibt es keine Freiheit

Krishnamurtis Sendung, den Menschen zu befreien, weckt auf den ersten Blick Mißtrauen. Sollte er ein ähnliches Versprechen machen wie die Religionsstifter in der Geschichte, dann wäre das Unterfangen nicht ernst zu nehmen. Was meint Krishnamurti, wenn er von der Befreiung des Menschen spricht? Auf welche Weise ist seiner Ansicht nach der Mensch nicht frei?

Die Entwicklung der Geschichte seit der Renaissance kann man als eine progressive Entwicklung der Freiheit verstehen. Nach der Französischen und der Russischen Revolution, nach zwei Weltkriegen und dem Unabhängigkeitskampf der Kolonien, nach der Frauenbewegung scheint der Mensch heute Freiheit zu genießen. Diese Freiheit ist in vielen Ländern verfassungsmäßig garantiert, und der Mensch scheint sie niemals in der Geschichte in diesem Ausmaß und dieser Qualität gehabt zu haben.

Und doch: Wenn Krishnamurti die Frage stellt, ob der Mensch frei sei, und selbst antwortet, er sei es nicht, so scheint er weder die Freiheit der Heilslehren noch die der Bürgerrechtler zu meinen. Seine Frage meint eine Freiheit, die sehr subtil und zugleich absolut und in einer nicht einfach zu begreifenden Form radikal ist. Unter diesem

Gesichtspunkt sind die Menschen nicht frei: Sie sind in ihrem Alltag und ihrer Existenz so sehr verfangen, daß sie nicht einmal darum wissen, daß sie nicht frei sind.

Die Menschen sind nicht frei, weil sie konditioniert sind. »Wo es Konditionierung gibt, da gibt es keine Freiheit« (Krishnamurti 1984b: 3). Konditionierung ist der zentrale Begriff in Krishnamurtis Philosophie. Während für Sigmund Freud der Traum der königliche Weg zum Unterbewußtsein ist, eröffnet nach Krishnamurti die Beobachtung und die unmittelbare Erfahrung der Konditionierung uns den Zugang zum gesamten Bewußtsein (Krishnamurti 1984a: 29).

Konditionierung ist ein Fachterminus der Psychologie, den man bei I. P. Pawlow, B. F. Skinner und ihren Nachfolgern findet. Diese Wissenschaftler untersuchten in ihren Experimenten das Verhalten von Tieren. Sie glaubten, das Tierverhalten sei konditioniert, das heißt bedingt von gewissen Reizen, die bestimmtes Verhalten auslösen. Pawlows bekannte Versuche mit dem Speichelfluß eines Hundes weisen darauf hin, daß ein Verhalten oder ein Reflex von einem konditionellen Reiz, in diesem Fall einem Klingelzeichen, ausgelöst werden kann. Bevor der Hund auf das Klingeln mit Speichelfluß reagieren kann, muß er mehrmals die Klingel in Verbindung mit dem natürlichen Reiz, dem Futter, erleben. Pawlows Experimente bewiesen, daß das Tierverhalten durch konditionellen Reiz beeinflußt werden kann. Den konditionellen Reiz konnte er soweit manipulieren, daß der Hund emotionale Störungen zeigte. Pawlow zeigte auch, daß Konditionierung rückgängig gemacht werden kann.

Während das »Anlernen« des Verhaltens bei Pawlow »klassische Konditionierung« heißt, heißt es bei Skinner »operative Konditionierung«. Hier muß das Versuchstier eine gewollte Handlung vollziehen, um an Futter zu gelangen. Die Ergebnisse ihrer Experimente übertrugen die Wissenschaftler auf Menschen, um ihr Verhalten zu erklären. Danach ist das menschliche Verhalten als eine konditionierte oder angelernte Reaktion auf verschiedene Reize zu verstehen (Neel 1974: 128–138).

Trotz des starken Anklangs an diese Theorien hat bei Krishnamurti der Terminus »Konditionierung« eine andere Bedeutung. Krishnamurti würde nicht abstreiten, daß menschliches Verhalten durch Manipulation wie Bestrafung und Belohnung geprägt werden kann. Diese Erklärung ist als Grundlage seiner Begrifflichkeit aber nicht ausreichend. Es sind mehrere Faktoren, die den Menschen und sein Verhalten konditionieren oder auch prägen. Außerdem ist es nach Krishnamurti nicht das Verhalten, sondern das Bewußtsein, welches eigentlich konditioniert wird. In die oben erwähnten wissenschaftlichen Untersuchungen wurde aber das Bewußtsein nicht als Faktor einbezogen. Sich der Konditionierung bewußt zu werden, heißt für Krishnamurti, das gesamte Bewußtsein zu verstehen (Krishnamurti 1984a: 29). Erst wenn der Schleier der Konditionierung gehoben wird, gibt es Klarheit im Bewußtsein: Das Bewußtsein wird entkonditioniert. Dann hat der Mensch freien Zugang zu sich selbst, zu seinem Mitmenschen und zur Welt. Erst dann können auch Fragen der Erkenntnis (Was ist die Wahrheit, wann erkenne ich sie etc.), der Metaphysik (Gibt es Gott, Seele, Tod, Wiedergeburt, Kosmos, Energie etc.) oder der Ethik (Was ist richtiges Handeln, Gewaltanwendung, Liebe, Mitleid, Politik, Philanthropie etc.) beantwortet werden.

Die Konditionierung wäre demnach der Schlüssel zum gesamten Wesen des Menschen, zu seinem Fühlen, Denken, Handeln. Vom Augenblick der Geburt bis zum Tod wird der Mensch ständig konditioniert. Faktoren der Konditionierung sind zum Beispiel Nationalität, Kaste, Klasse, Tradition, Religion, Sprache, Erziehung, Literatur, Kunst, Brauch, Konvention, Propaganda jeder Art. Wir werden konditioniert durch wirtschaftlichen Druck, durch die Nahrung, die wir zu uns nehmen, das Klima, in dem wir leben, durch unsere Familie, Freunde und durch unsere Erfahrungen (Krishnamurti 1984a: 25).

Jeder dieser Faktoren beeinflußt wie eine unsichtbare Kraft von außen das Bewußtsein und dadurch unser Selbstverständnis, unsere Vorstellungen, Gefühle und Handlungen. Zu diesen äußeren Kräften zählen auch die religiösen oder politischen Autoritäten, denen sich die Menschen bewußt oder unbewußt unterwerfen. Diese Autoritäten oder Führer gestalten für ihre Anhänger die Realität und die Werte und geben ihnen dadurch eine Weltanschauung vor. Davon sind die Anhänger geprägt, was sich in ihren Gedanken, Reden und Taten widerspiegelt. Die Geschichte liefert zahlreiche Beispiele dafür, wie verblendend der Einfluß einer Autorität auf einzelne Menschen und die Gesellschaft sein kann. Ähnliche Wirkung zeigen auch gesellschaftliche Festlegungen wie Kasten- und Klassenzugehörigkeit, obwohl das Übel nicht einer bestimmten Person zuzuschreiben ist. Nicht zu unterschätzen sind Tradition, Erziehung und Familie. Vieles, was wir gewohnheitsmäßig und gedankenlos tun, hat hier seinen Ursprung. Wir haben die Erfahrung gemacht, daß derjenige, der die gesellschaftlichen Regeln achtet, einen guten »Ruf« in der Gesellschaft genießt. Aber selbst Tugenden wie Nächstenliebe und Gastfreundschaft sind nicht beachtenswert, wenn sie nur der Traditionspflege wegen praktiziert werden. Das zeigt lediglich blinden Konformismus und ist damit ein Fall von Konditionierung.

Ist die Gastfreundschaft dagegen eine Folge der eigenen Einsicht, so hat sie eine ganz andere Qualität und einen anderen Inhalt. Deshalb sind Tugenden, die Erziehung und Religionen den Menschen durch Strafe und Belohnung beizubringen versuchen, suspekt. Der unkritische Anhänger ist anfällig auch für die Umkehrung seiner Tugenden in ihr Gegenteil, sollte das der Führer von ihm verlangen. In ihm steckt potentiell der Fanatiker, der sogar vor Gewalt und Mord nicht zurückschreckt.

§ 15 Tradition

Durch ihre Gebote und Verbote, Konventionen und Techniken beschränkt die Tradition nicht nur die Freiheit des Menschen, sie erschwert auch seine Leichtigkeit und Beweglichkeit. Die unkritische Befolgung ihrer Regeln und Einhaltung ihrer Normen tötet Empfindsamkeit und Eigeninitiative und reduziert uns zu Menschen »aus zweiter Hand« (Krishnamurti 1984a: 10). Krishnamurti sagt: »Die Tradition hat diese ungeheure Trägheit, Hinnahme und Gehorsamkeit geschaffen« (Krishnamurti 1984a: 18). Bei der spirituellen Suche ist die Tradition hinderlich und verschließt unseren Blick dem Unbekannten gegenüber. Krishnamurti: »Tradition legt großen Wert auf die Vergangenheit, auf Atemübungen und richtige Körperhaltung. Alle diese beschränken sich auf eine Ecke des gesamten Feldes, und die Aspiranten hoffen, durch diese Ecke erleuchtet zu werden [...] Ich glaube nicht, daß man auf diese Weise die Erleuchtung erreicht – nicht durch eine Ecke. Sie [die Tradition] ist wie ein kleines Fenster, durch welches wir den Himmel anschauen: Nie hinausgehen und den Himmel ansehen [...] Die Ecke ist wie eine Kerze vor der Sonne.« (Krishnamurti 1982: 23)

Eine besonders enge Form der Weitergabe von Traditionen findet innerhalb der Familie statt. Die Familie beeinflußt den Menschen ein für allemal. Seine späteren Erfahrungsstrukturen, seine Stärken und Schwächen, Ab- und Zuneigungen sind auf die Erkenntnisse zurückzuführen, die er als Kind in der Familie mit den Eltern oder Geschwistern gewonnen hat. Wie Psychologen herausgefunden haben, können diese Einflüsse sogar bis zu den Groß- und Urgroßeltern zurückverfolgt werden.

Alle diese Faktoren berauben den Menschen seiner Freiheit. Da sie von außen auf ihn einwirken, nennt Krishnamurti ihren Einfluß die »äußere Konditionierung«. In diesem Zusammenhang verwendet der Psychoanalytiker

Arno Gruen den Begriff »von außen gelenkte Menschen« (Arno Gruen 1990).

Die Wertungen, die wir von anderen Menschen, Medien oder Propaganda übernehmen, konditionieren unsere Meinungen. Vorurteile gegen fremde Menschen und Kulturen oder Religionen, wie sie in Witzen, Parolen oder packenden Ausdrücken Niederschlag finden, sind Gemeinplätze, nach denen wir unbewußt denken und handeln. Selbst unsere Kenntnisse konditionieren das Bewußtsein. Wollen wir einen Gegenstand wahrnehmen, zum Beispiel einen Baum, so stellen sich botanische Kenntnisse zwischen uns und den Baum, verbauen den freien Zugang und erschweren die Wahrnehmung. Wir wissen nicht, wie der Baum an sich ist (Krishnamurti 1984a: 25).

§ 16 Religion

Der konditionierte Mensch ist sich seiner Konditionierung nicht bewußt. Ein religiös erzogener Mensch sieht sich selbst und seine Umwelt aus seiner Konditionierung heraus und versteht sich dementsprechend. So ist zum Beispiel die schöne Morgendämmerung für einen religiös erzogenen Hindu die Ankunft der Göttin »Usha«, die Sonne selbst ist der Sonnengott. Wenn er aufwacht, sieht er nicht glücklich aus dem Fenster auf den herrlichen Morgen, sondern praktiziert ein Ritual. Er hält seine rechte Hand vor die Augen und öffnet dann die Augen: Die Hand enthält verschiedene Göttinnen und Götter. Erst nach ihrem Anblick schaut sich der Gläubige die Welt an. Er kann also die Schönheit der Welt nicht unbeschwert wahrnehmen. Wenn er diese rituellen Vorschriften nicht beachtet, wird er unglücklich, selbst wenn er nicht weiß, was seine Handlungen bedeuten oder ursprünglich bedeutet haben könnten. Brisanter wird es, wenn wir Beispiele aus dem zwischenmenschlichen Bereich betrachten. Es war die religiöse Gesetzgebung, die die Hindu-Gesellschaft in Kasten teilte und die Rangordnung dieser Kasten bestimmte. Für einen orthodoxen Hindu ist es selbstverständlich, daß der Wert eines Menschen von seiner Kastenzugehörigkeit abhängt. Sein Umgang mit anderen Menschen wird von dieser Wertvorstellung konditioniert. Ähnliche Beispiele sieht man in allen Religionen, nur sind sie den Angehörigen nicht bewußt. Man denke an die Diskriminierung und Verfolgung der Frauen im Namen der Religion oder die Beherrschung und Bekehrung anderer Völker.

Die Religionen beruhen auf einer Theorie, nicht auf Tatsachen, und so haben sie wenig Bedeutung für jemand, der in der Wirklichkeit lebt. Krishnamurti hält sie für eine große Propaganda (Krishnamurti 1991: 20). Die Religionen haben sich um die ursprüngliche Erfahrung einiger Menschen gebildet, die in ferner Vergangenheit gelebt haben. Mit der Zeit hat sich das historische Gebilde von der Wahrheit entfernt. So sind die Religionen »Aberglaube und Bilderverehrung, Glaube und Ritual geworden. Ihnen ist die Schönheit der Wahrheit abhanden gekommen« (Krishnamurti 1982c: 32). Die Wahrheit öffnet die Tür zum Unermeßlichen, während die Religionen die Tür zur Gefangenschaft öffnen.

§ 17 Erziehung

Nicht anders verhält es sich mit der Erziehung oder Disziplin, der Kinder und Erwachsene unterzogen werden. Durch Vorgabe bestimmter Normen, Sitten, Umgangsformen und Denkformen werden Menschen geformt, die sich den bestehenden Gesellschaftsstrukturen und Machtverhältnissen anpassen. Und durch die Erziehung werden die Erwartungen der Gesellschaft so sehr verinnerlicht, daß das Individuum nicht einmal darum weiß, daß es konditioniert ist. Das Individuum denkt, es handle frei, denke frei. Es glaubt, seine Gefühle und Emotionen seien seine eigenen, die es spontan erlebt.

§ 18 Kultur und Tradition

Unter dem blinden Einfluß der Kultur und der Tradition verliert der Mensch meistens die Fähigkeit, die gesellschaftliche Realität zu erkennen. Er kann zum Beispiel der ungerechten Behandlung anderer Menschen gegenüber blind sein, die versteckte Ausbeutung von Frauen als normal empfinden oder die Erwartung gutheißen, daß Kinder unbedingten Gehorsam schuldig sind. Negative Erscheinungen gehören zur Tagesordnung und prägen das Bild der Normalität. Dieser Normalitätsbegriff verleitet die Menschen zu unkritischen und zum Teil inhumanen Haltungen. Überraschenderweise macht Krishnamurti die Entdeckung, daß das Wort Tradition etymologisch gesehen auch »Verrat« oder »verraten« bedeutet. Und Krishnamurti interpretiert seine Bedeutung als Verrat an der Gegenwart (Krishnamurti 1991: 19).

§ 19 Politik

Tradition, Religion, Erziehung und Kultur können das Individuum deshalb prägen, weil sie als Werkzeug der Gesellschaft von ständiger Propaganda begleitet werden. Das Individuum ist meistens nicht fähig, die Propaganda als solche zu erkennen. Das wird gerade im Fall der Politik augenscheinlich. Durch die subtile Propaganda gewinnen die Programme des Staates und seine Ziele die Akzeptanz und das Engagement der Bürger. Die Bürger werden zu Patrioten erzogen, die Kriege gegen Nachbarstaaten befürworten und diese sogar für notwendig halten. In den Dienst der Propaganda stellt der Staat Künstler, Intellektuelle, Lehrer, Dichter, Priester und andere, die von den Medien und anderen Kommunikationsmitteln Gebrauch machen. Wenn man versteht, wie die Propagandamaschinerie des Staates funktioniert, dann versteht man auch, wie Religionen und Traditionen ihre Allgegenwärtigkeit und

Allmacht gewinnen. »Die Massen werden von den neuesten Parolen und Versprechungen einer neuen Utopie hypnotisiert« (Krishnamurti 1986: 82).

Tradition, Religion, Erziehung, Kultur und Politik haben eine Gemeinsamkeit: Ehrfurcht vor Ordnung und vor bestehenden Machtverhältnissen, das heißt vor der Autorität. Entsprechend konditionierte Menschen nehmen gern Befehle, Vorschläge und Ansichten der Autorität an und befolgen sie bereitwillig. Aus ihrem Bedürfnis nach Schutz, Sicherheit und Erfolg heraus suchen sie nach Führung und »verehren die Autorität der Führer, Retter, Meister, Gurus etc.« (Krishnamurti 1986: 186).

§ 20 Tiefere Konditionierung

Konditionierung besteht nicht nur aus diesen äußeren Faktoren. Sie kann auch eine Folge eigener Erlebnisse und daraus gewonnener Erkenntnisse und Urteile sein. Daß sie aus eigenen Erfahrungen abgeleitet werden, bietet keinen Vorteil. Erkenntnisse und Urteile werden zu Vorkenntnissen und Vorurteilen. Die Menschen und die Anforderungen des Lebens sind im Wandel. Sie begreifen zu wollen erfordert immer einen neuen und unvorbelasteten Ansatz. Alte Erlebnisse und ihre Kenntnisse können die Entfaltung neuer Erfahrungen verhindern (Krishnamurti 1986: 155). Das alte Erlebnis liegt in der Vergangenheit, somit auch die Kenntnis, die man daraus gewonnen hat. Aus dieser Kenntnis heraus interpretiert die Vergangenheit das neue Erlebnis oder die neue Situation. Auf diese Weise wird das Bewußtsein von eigenen Erlebnissen konditioniert.

Auf der Basis von Vorurteilen und Annahmen kann man nicht »richtig« denken, das wäre nach Krishnamurti das Aus. Aber auch schnell zu einem Schluß kommen zu wollen und von diesem Schluß aus denken zu wollen verhindert Verständnis und wahre Entdeckung.

Je aufmerksamer wir unser Bewußtsein und unsere Gewohnheiten untersuchen, desto größer und umfassender erscheint uns die Konditionierung. Daß der Mensch, gleich welchem Land oder welcher Religion er angehört, von äußeren Faktoren geprägt wird und in ihren Mustern gefangen bleibt, ist einfach zu erkennen. Daher kann man Krishnamurti zufolge auch die äußere Konditionierung an der Oberfläche ohne größere Anstrengung ablegen – verglichen mit der tieferen Konditionierung, die schwieriger zu erkennen und abzulegen ist.

Zu solchen Konditionierungen gehört beispielsweise die von Krishnamurti so genannte aggressive Einstellung zum Leben (Krishnamurti 1984: 63). Aggression bedeutet eine Art Dominanzstreben, Suche nach Macht, Besitztum und Prestige. Diese Konditionierung ist sehr subtil und kann verschiedene Formen annehmen. Jemand mag von sich überzeugt sein, er sei nicht aggressiv. Wenn er aber ein Ideal oder eine Meinung hat, dann behauptet er sich, beharrt auf seiner Meinung oder Wertung und entwickelt dadurch aggressive Züge.

Eine weitere Form der tieferen Konditionierung ist das Vergleichen. Man vergleicht sich unentwegt mit dem, was man für edel oder tapfer hält. Man vergleicht sich mit dem, was man sein möchte. Auch diese Konditionierung ist sehr subtil. Wenn wir uns mit jemandem vergleichen, der klüger oder schöner ist als wir, so findet in uns unentwegt ein Monolog statt. Krishnamurti meint: »Wo es einen Vergleich gibt, da gibt es eine Form der Aggression in dem Gefühl des Erreichen-Wollens, oder wenn Sie es nicht erreichen, dann gibt es das Gefühl der Frustration und das Gefühl der Minderwertigkeit. [...] Im Vergleichen [...] gibt es Neid, Eifersucht und allen Konflikt, der daraus resultiert« (Krishnamurti 1984: 64). Das Vergleichen oder Sich-an-etwas-Messen bildet das Fundament unseres Bildungssystems. Das drückt sich in Prüfungen und Noten aus. Krishnamurti meint, daß alle unsere moralischen und religiösen Strukturen auf dem Prinzip des Messens oder des Vergleichens basieren.

Die inneren Faktoren der Konditionierung wie Aggression, Vergleichen, Messen, Etwas-werden-Wollen, Erfolgreich-sein-Wollen, Planen und Danach-Handeln sind subtil, und wir sträuben uns dagegen, sie für Konditionierung zu halten. Auch auf eine Frage sofort zu antworten oder zu einem Schluß zu kommen, ist nach Krishnamurti bereits Konditionierung.

Konditionierungen verzerren die Wahrnehmungen des Menschen und erschweren seinen Zugang zur Welt. Seine Vorstellungen und Handlungen sind nicht frei. Die Erfahrungen, die er mit der Welt und den Menschen gemacht hat und die Kenntnisse, die er angesammelt hat, bilden eine Brille. Nur durch sie sieht er die Welt und die Mitmenschen. Das hat eine verheerende Wirkung für den Alltag, die zwischenmenschlichen Beziehungen und die Weltgeschehnisse.

§ 21 Fragmentierung des Menschen

Wir betrachten es als eine Selbstverständlichkeit, daß wir uns und andere Menschen, mit denen wir zwischenmenschliche Beziehungen haben, gut kennen. Geprägt von unserer Erziehung, dem Elternhaus und den Zielen, die wir erreichen wollen, machen wir uns ein Bild, eine Vorstellung von uns selbst. Dieses Bild des eigenen Ich bewahren und pflegen wir eifrig. Aus unseren Erfahrungen und Informationen heraus bilden wir uns auch eine Vorstellung von anderen Menschen und nennen sie Vater, Mutter, Freund, Gattin oder Gatte, Deutscher, Pole und so weiter. Unser Umgang mit diesen Menschen wird von unserer Vorstellung geprägt, und wir halten unbewußt diese Vorstellung für unfehlbar. Die Beziehung läuft reibungslos, solange der andere in seinem Verhalten diesem Bild entspricht. Sobald das Verhalten von der Vorstellung abweicht, fühlt man sich enttäuscht, die Beziehung ist bedroht. Daher meint Krishnamurti: »Das Bild, das Sie sich von ihm oder von ihr oder von sich selbst machen, hindert Sie am Sehen« (Krishnamurti 1984e: 14). Den anderen Menschen an sich scheinen wir nie wahrzunehmen. Daher macht sich Krishnamurti lustig über Ehepaare oder Liebespaare, die der Überzeugung sind, sich zu lieben. Krishnamurtis Ansicht nach kennen sie sich nicht einmal, woher sollen sie sich lieben? Wenn wir dem anderen Menschen begegnen, so begegnen wir eigentlich dem Bild, das wir mit Hilfe unserer Erlebnisse mit ihm in uns erzeugt haben. Jede Begegnung bestätigt oder bekräftigt dieses Bild weiter. Es erleidet aber Sprünge, wenn das Verhalten ihm nicht entspricht. So sehen wir in anderen Menschen Angehörige verschiedener Rassen, Nationen, Religionen oder Angehörige verschiedener Sprachen, Klassen oder Kasten, die nur aufgrund ihrer Zugehörigkeit als ehrlich, unehrlich, fleißig, faul, intelligent, dumm, zivilisiert, primitiv gelten. In der Tat sind nicht nur wir selbst konditioniert, wir erlegen die Konditionierung anderen Menschen und Lebenssituationen auf.

Unter diesem Aspekt ist die Konditionierung eine Teilung oder, wie Krishnamurti es auch nennt, »Fragmentierung« des Menschen. An den Psychiater David Shainberg stellte er die Frage: »Können wir uns wirklich dieser Fragmente bewußt sein? Daß ich ein Hindu bin, ein Jude, ein Araber, Kommunist, Katholik, daß ich ein Kaufmann bin, verheiratet bin, Verpflichtungen habe, daß ich ein Wissenschaftler bin« (Krishnamurti 1990a: 10). Krishnamurti sagt auch: »Der Urgroßvater erschuf diese Welt, diese Kultur, die ganze Struktur der menschlichen Existenz mit all ihrer Misere, mit allen ihren Konflikten – welche Fragmentierung sind« (Krishnamurti 1990a: 13). Es ist gerade diese Fragmentierung, die wir Individualität oder Identität, und es ist der fragmentierte Mensch, den wir das Individuum nennen. Krishnamurti wiederholt diese Ansicht in einem

Vortrag: »Ich glaube, das Individuum ist eine lokale Entität. Es lebt in einem bestimmten Land, gehört einer bestimmten Kultur, Gesellschaft und Religion an« (Krishnamurti 1984a: 12). Er sagt weiter, das Individuum sei eine kleinliche, konditionierte, jämmerliche, frustrierte Entität. So sind für Krishnamurti das Individuum und die Individualität, also das, worauf die modernen Gesellschaften und Kulturen zu beruhen scheinen, nur ein Resultat dessen, daß der Mensch durch die Konditionierung in seiner Freiheit, seinem Kontakt zur Wirklichkeit und seinem Potential eingeschränkt wird. Dagegen ist der Mensch mit all seinen Potentialen für Krishnamurti keine an einen Ort gebundene Entität: Er ist überall. Während das Individuum sich nur mit einem Teil des Lebens und der Wirklichkeit beschäftigen kann, wendet sich der Mensch ganzheitlich dem Leben und der Welt zu.

Die Fragmentierung oder Teilung, Trennung des Menschen von sich selbst und anderen hat noch einen weiteren Aspekt. Sie führt zu Konflikten und zur Trauer oder erzeugt sie. Krishnamurti sagt: »Ich bin ein Fragment und daher erzeuge ich mehr Fragmente, mehr Konflikte, mehr Elend, Verwirrung, Trauer, denn wenn es den Konflikt gibt, dann beeinflußt er alles andere« (Krishnamurti 1990a: 11). So ist für Krishnamurti klar, daß alle Kriege und Aggressionen, der Haß, die Armut und das Elend der Welt sowie Gewalt, Neid, Konkurrenz, Brutalität und Trauer in den zwischenmenschlichen Beziehungen auf die Konditionierung zurückzuführen sind. Diese Symptome, die Probleme der Menschheit, kann man nach Krishnamurti nicht einzeln betrachten und lösen. Die Kriege selbst kann man nicht verhindern oder die Armut als solche nicht beseitigen. Das hieße, die Symptome an der Oberfläche zu bekämpfen. Die Psyche oder das Bewußtsein des Menschen muß sich radikal ändern, indem es entkonditioniert wird. Dies nennt Krishnamurti die innere Revolution.

§ 22 Konditionierung und Neurose

Der zunächst vielleicht banal wirkende Begriff der Konditionierung hat nach Krishnamurti tiefgreifende Auswirkungen auf den einzelnen Menschen sowie die ganze Menschheit. Er besagt letzten Endes, daß unser Bewußtsein und unsere Handlungen von gewissen Erfahrungen, Kenntnissen und anderen Faktoren beeinflußt sind, derer wir uns nicht bewußt sind. Auch die Psychoanalyse geht davon aus, daß wir und unsere Wahrnehmungen von Instinkten und Erfahrungen beeinflußt sind, die weit zurück in der Vergangenheit liegen und derer wir uns nicht bewußt sind. Ist Krishnamurtis Begriff der Konditionierung verwandt mit dem psychoanalytischen Begriff der Neurose? Kann man durch psychoanalytische Behandlung die Konditionierung überwinden? Anders formuliert: Kann die Psychoanalyse Krishnamurtis Aufgabe, die Befreiung des Menschen, erfüllen? Oder dabei behilflich sein?

Krishnamurti hat sich an mehreren Stellen seiner Werke und in Vorträgen mit der Psychoanalyse auseinandergesetzt. Die Art der Auseinandersetzung ist kennzeichnend für Krishnamurti. Nach eigenen Aussagen und denen seiner Biographen studierte er nicht. Akademisch war er nicht ausgebildet, und die akademischen Kreise waren auch nicht seine Zielgruppe. Daher thematisierte er seine Konzeption der Konditionierung im Vergleich zur Psychoanalyse nicht auf eine formal systematische Weise. Die Gegenüberstellung und Kritik der Psychoanalyse geschieht an verschiedenen Stellen seines Werkes. Aus der Kenntnis des Gesamtwerks heraus kann man Krishnamurtis Auffassung und Kritik der Psychoanalyse, die überwiegend die der Freudianer zu sein scheint, rekonstruieren. Folgendes Beispiel aus »Commentaries on Living: Second series« soll den Unterschied zwischen Neurose und Konditionierung verdeutlichen:

Neurosen machen sich bemerkbar im Verhalten, in den

Gefühlen und Vorstellungen des Patienten. Die Psychoanalyse geht davon aus, wie ein Analytiker in einem Gespräch mit Krishnamurti erzählt, daß es kranke Teile des Bewußtseins gibt, die die Ursache für verborgene Zwänge und Reaktionen sind. Die Aufgabe des Analytikers besteht darin, daß er das Bewußtsein untersucht, um dem Patienten zur Überwindung der Depressionen und anderer Schwierigkeiten zu verhelfen, mit dem Ziel, daß der Patient, sich der Gesellschaft anpaßt. Dabei scheint es dem Analytiker gleichgültig zu sein, ob die Gesellschaft integer ist, und die Frage, ob diese Anpassung notwendig ist, scheint sich nicht zu stellen. Krishnamurti meint im Gespräch mit dem Analytiker an dieser Stelle, dieser kümmere sich nicht um den ganzen Menschen, sondern nur um einen bestimmten Teil seines Bewußtseins. Die Heilung eines bestimmten Teiles sei vielleicht notwendig, wenn aber der gesamte Prozeß des Menschen nicht verstanden werde, so könnten die Analytiker andere Formen der Krankheit verursachen. Krishnamurti macht den Analytiker auch darauf aufmerksam, daß der Mensch eigentlich nicht geheilt werden könne, solange in der Gesellschaft Haß und Konkurrenz zwischen Menschen und Kriege zwischen Ländern herrschten. All dies riefe in der Gesellschaft eine Atmosphäre hervor, die kranke Menschen erzeuge.

Krishnamurti übt nicht nur Kritik an dem eng aufgefaßten Wirkungsbereich des Analytikers, sondern hat auch eine eigene Auffassung von Neurose und ihrer Ursache, wobei zunächst dahingestellt bleibt, ob Psychoanalyse den Menschen auch von der Konditionierung heilen kann (zu dieser Frage vgl. auch Kap. 5, § 37).

Nach Krishnamurti liegt der Ursprung der Neurose in der Konditionierung des Bewußtseins, die zu seiner Fragmentierung führt. Bereits diese Teilung oder Fragmentierung sieht er als Neurose, und die eigentliche Neurose in ihrem auffallenden Ausmaß tritt dann plastisch in Erscheinung, wenn eines der Fragmente »daß ich ein Hindu bin, ein Jude bin, daß ich ein Araber, ein Kommunist, ein Katholik bin« übertrieben empfunden oder dargestellt wird (Krishnamurti 1990a: 10).

In einer Diskussion über Neurose und über die Frage, ob die Teilung des Bewußtseins in das Bewußte und das Unbewußte richtig sei, sagt Krishnamurti: »Wenn die Übertreibung irgendeines Fragments geschieht, dann tritt Neurose auf. Wenn Sie sehr intellektuell sind, dann ist das eine Form der Neurose, obwohl der große Intellektuelle sehr geachtet wird. Einem bestimmten Glauben, dem christlichen, buddhistischen, kommunistischen verhaftet zu sein, Verhaftung in irgendeinem Glauben ist eine Form der Neurose [...]. Irgendeine Angst ist eine Form der Neurose, irgendein Konformismus ist eine Form der Neurose. Wenn Sie sich auf irgendeine Art mit irgend etwas vergleichen, dann ist das Neurose« (Krishnamurti 1984: 163).

In derselben Diskussion erklärt Krishnamurti weiter, daß wir unser Bewußtsein in viele Stücke geteilt haben: intellektuelle, emotionale und so weiter. Jegliche Betonung eines dieser Teile ist neurotisch. Wenn das Bewußtsein irgendeinen Teil betont, kann es nicht mehr deutlich sehen. Demzufolge führt diese Betonung Verwirrung herbei (Krishnamurti 1984: 163). Krishnamurti sagt mit Nachdruck, die Betonung des Fragments sei das Wesen und zugleich das Symptom der Neurose.

Aus diesen Aussagen geht hervor, daß die Neurose gewiß eine Form der Konditionierung darstellt oder eine Folge der Konditionierung ist. Die Konditionierung schließt die Neurose, wie sie von der Psychoanalyse verstanden wird, ein, aber sie ist nur ein Teil von ihr. Konditionierung im Sinne Krishnamurtis ist eine viel tiefergreifende und das gesamte Bewußtsein mit allen seinen Ebenen umfassende »Neurose«. Von einem Therapeuten kann man den kranken Teil des Bewußtseins heilen lassen und die bestimmte Neurose oder das auffallende Verhalten beseitigen, damit man in die Gesellschaft paßt und niemanden stört. Die Therapie scheint auf die Anpassung des Patienten an die Gesellschaft und an ihre Normen ausgerichtet zu sein. Damit ist der Mensch nach Krishnamurti längst nicht geheilt. Viele Eigenschaften, die in der Gesellschaft geschätzt werden, können bereits Psychosen oder Neurosen sein – nur stören sie niemanden, da sie als Normalität oder Tugend eingestuft werden. Hier sei wieder an den berühmten Autor und Psychoanalytiker Arno Gruen erinnert. Er schreibt in seinem Werk »Der Wahnsinn der Realität«: »Die Angepaßtheit an die etablierten Werte und Formen unter Mißachtung des eigenen Innenlebens ist eine unerschöpfliche Quelle alltäglicher Gewalt. Solange Erfolg definiert wird als Kontrolle und Beherrschung und Erfolg wiederum den Selbstwert definiert, sind alle Unterschiede der gesellschaftlichen Struktur ziemlich bedeutungslos: Das Selbst bleibt in jedem Fall verstümmelt« (Gruen 1990: 100).

Die Analyse könnte unter Umständen, da ist Krishnamurti aus verschiedenen Gründen skeptisch, die Neurose heilen. Da sie sich aber nur mit einem Teil, einem übertrieben betonten Fragment des Bewußtseins beschäftigt und sich nicht dem gesamten Bewußtsein zuwendet, kann sie nicht die ganze Konditionierung beseitigen und dem Menschen zu bedingungsloser Befreiung verhelfen (vgl. Kap. 5 § 37).

4. Kaleidoskop der Gedankenwelt

> »*Der Mensch braucht nicht immer Gitter zu einem Käfig. Auch Gedanken können Käfige sein. Die gesamte Zivilisation unserer Zeit ist vielleicht eine Gefangenschaft.*«
>
> (Ronald D. Laing 1975)

Es gibt drei innere Faktoren der Konditionierung, die aufgrund der Tragweite und Tiefe ihrer Wirkung als die konstituierenden Elemente des konditionierten Bewußtseins zu betrachten sind. Der erste dieser Faktoren ist das Denken, der zweite das Ego, und der dritte Faktor ist die Zeit.

§ 23 Das Denken ist konditioniert

Im Gegensatz zur friedlichen Erscheinung Krishnamurtis hat seine Philosophie etwas Erschreckendes und Beunruhigendes. Während die ganze westliche Kultur und die philosophischen Traditionen davon auszugehen scheinen, daß das Denken oder die Rationalität die höchste menschliche Tugend sei, und sie in dem Denken das Wesen des Menschen zu sehen pflegen – eine Tendenz, die zum Teil auch in den philosophischen Traditionen Indiens wiederzufinden ist –, hält Krishnamurti das Denken für nichts anderes als innere Konditionierung.

Da dieses Thema, wie auch andere, in der Philosophie Krishnamurtis nirgendwo geschlossen und ausführlich, sondern immer in Zusammenhang mit anderen Themen behandelt wird, fällt es nicht leicht, sich den Gegenstand zu erschließen. Dennoch verfolgt Krishnamurti die Auslegung des Denkens mit großer Klarheit und unwiderlegbarer Logik. Nach seiner Auffassung hat das Denken des konditionierten Bewußtseins – das Bewußtsein der meisten von uns ist konditioniert – zwei Aspekte.

Zum einen ist das Denken selbst konditioniert. Das heißt, daß es nicht frei ist, sondern nach gewissen Mustern geschieht. Diese Determinationen zeigen sich, wenn wir uns den Hergang des Denkens vorstellen. Das Denken setzt sich immer aus Bestandteilen wie Erfahrungen, Bildern, Erinnerungen, Urteilen zusammen. Wenn ich zum Beispiel an mein Haus denke, dann enthält der Gedanke das Bauwerk, die Farbe der Mauer, den Vor- und Hintergarten, die Größe des Grundstücks, all das, was ich als Kind dort erlebt habe, Erinnerungen an die Zeit, die ich mit meinen Eltern und Geschwistern in diesem Haus verbracht habe und so weiter. Das Denken an das Haus besteht also aus Sinneswahrnehmungen, meßbaren Kenntnissen wie Größenverhältnissen und Erlebnissen, die nicht nur die reinen Wahrnehmungen oder Informationen zu enthalten scheinen. Allen diesen Bestandteilen ist eines gemeinsam: Sie liegen als Erinnerungen in der Vergangenheit, und der Gedanke als solcher oder das Denken ist eine Reaktion der Vergangenheit in Form einer Erinnerung.

Ist der Gedanke auch dann eine Reaktion der Vergangenheit, wenn ich denken würde: *Ich möchte in vier Monaten nach Hause fahren?* Krishnamurti sagt ja. Auch dieser Gedanke, der sich anscheinend mit der Zukunft oder mit einem Ereignis, das in der Zukunft liegt, beschäftigt, besteht aus Erinnerungen. Der Gedanke an das Haus und die Vorstellung, sich wieder in dem Haus befinden zu wollen, sind von Erlebnissen und Erinnerungen gespeist, und ohne diese Erinnerungen kann das Denken nicht geschehen, der Gedanke kann nicht gedacht werden. Daher sagt Krishnamurti: »Der Gedanke ist immerwährend konditioniert, weil er die Reaktion der Vergangenheit als Erinnerung ist« (Krishnamurti 1984: 65). So gesehen ist das Denken eine Operation mit vergangenen Erlebnissen und Wahrnehmungen – es ist eine Bewegung innerhalb der Vergangenheit –, und so ist es von der Erinnerung und der Vergangenheit konditioniert.

Wenn wir diese Auffassung von Denken auf die zwischenmenschlichen Beziehungen oder auf den spirituellen Bereich übertragen, dann verstehen wir erst die vollen Implikationen der Aussage.

In unseren Beziehungen hindert uns das Denken daran, anderen Menschen unmittelbar zu begegnen. Wenn das Denken in eine Begegnung eingreift, so bedeutet das, daß wir einem Menschen mit unseren Erinnerungen und Kenntnissen gegenübertreten. Damit bewegen wir uns in unserer Vergangenheit, und eine richtige Wahrnehmung des Gegenübers findet nicht statt: Wir erkennen ihn nicht als den, der er gerade ist. Unsere Erinnerungen und die unvollkommenen Eindrücke aus der Vergangenheit entsprechen nicht dem jetzigen Menschen, der sich inzwischen verändert hat oder dessen unbekannte Seiten gerade aktiver sind als früher. Dem Menschen, dem wir begegnen, können wir erst dann gerecht werden, wenn wir ihn unmittelbar wahrnehmen oder erleben.

Auch im spirituellen Bereich verhindert das Denken das Zustandekommen einer direkten, unmittelbaren Erfahrung. Wenn wir eine Erfahrung gedanklich erfaßt haben oder nach einer gedanklichen Erfahrung suchen, sei es durch die Vermittlung eines Gurus oder durch das Studium einer Schrift, so bewegen wir uns in der Vergangenheit. Die Suche nach ihr verbaut unseren Zugang zu der unmittelbaren spirituellen Erfahrung oder Wahrheit, die nur in der Gegenwart geschehen kann. Das Denken oder der Gedanke aber ist eine Bewegung weg von der Gegenwart und von der jetzigen Wahrnehmung. Ein Sterbender fragte Krishnamurti, ob das Ich – welches genoß, litt, Erfahrungen machte – den Tod überleben würde. Krishnamurti antwortet: »Die Wahrheit ist eine seltsame Sache [...]. Sie können sie nicht in dem Netz Ihres Gedankens auffangen« (Krishnamurti 1984c: 63–64).

So ist das Denken nicht nur selbst konditioniert, sondern es kettet auch das Bewußtsein an die Vergangenheit –

es konditioniert das Bewußtsein. Aufgrund dieser Auslegung des Denkvorgangs sieht Krishnamurti keine Freiheit
im Denken. In diesem Zusammenhang ist auch seine Aussage zu verstehen, daß die Freiheit nicht in der Wahl bestünde, womit er J. P. Sartre widerspricht, für den die Freiheit in der Wahl besteht (Sartre 1977: 33–37). Krishnamurti meint: Wenn wir eine Wahl treffen, denken wir. Das
Denken ist aber konditioniert und selbst nicht frei. Daher
kann unsere Freiheit nicht in der Wahl bestehen. »In der
Wahl kann niemals die Rede von Freiheit sein, da, wenn Sie
wählen, das Denken am Werk ist« (Krishnamurti 1984e:
30). Und: »Das ganze Denken ist konditioniert« (Krishnamurti 1984d: 53).

§ 24 Zur Wahrheit führt kein Weg

Das Denken ist nicht nur konditioniert. Es ist zum anderen eine konditionierende Aktivität des Bewußtseins. Das
Denken konditioniert das Bewußtsein, indem es aus Erfahrungen, Kenntnissen und Erinnerungen Bilder erzeugt.
Erfahrung ist bei Krishnamurti definiert als Reaktion auf
innere und äußere Eindrücke. »In diesem Prozeß des Rea-
gierens auf das, was ich sehe, fühle, weiß, glaube, findet
die Erfahrung statt« (Krishnamurti 1990b: 76). Das Fundament der Bilder liegt in den Sinneswahrnehmungen. Wenn
unsere Sinnesorgane mit den Gegenständen in Berührung
kommen, dann erzeugt das Denken den Begriff oder das
Bild des Gegenstandes. Das Denken oder auch der Gedanke ist also eine Aktivität des Bewußtseins mit erschaf-
fendem, erzeugendem Charakter, von Krishnamurti mit
Begriffen belegt wie »zusammenstellen«, »zusammen-
bauen«, »erschaffen/kreieren«, »erfinden«, an einigen Stellen auch »konstruieren« oder »Struktur erschaffen«. Alles,
was das Denken erzeugt, kann man mit einem Wort als
»Wissen« oder »Kenntnisse« bezeichnen.
    In unseren Beziehungen erzeugt das Denken unser Bild

vom anderen und sein Bild von uns. Und es erzeugt nicht nur diese Bilder, es wertet sie auch aus und erweitert ihren Umfang.

Nach diesem Muster hat das Denken aus ursprünglichen Erfahrungen Religion erschaffen. Die ursprüngliche Erfahrung hatte nichts mit dem Denken zu tun gehabt. Demjenigen, der sie erlebte, »geschah [es] einfach« (Krishnamurti 1985: 23), während später seine Schüler aus dem Denken heraus argumentierten: » (...) tut das, tut jenes. All das befindet sich innerhalb des Denkbereiches« (a.a.O.). Alle religiösen Organisationen in der ganzen Welt wurden durch das Denken formiert. Ihm ist auch die erstaunliche Entwicklung der Wissenschaften und Technologie zu verdanken (Krishnamurti 1993a: 17). Es kann heute die Fahrt zum Mond oder zur Venus ermöglichen.

Trotz alldem ist das Denken nach Krishnamurti zwei entscheidend negativen Merkmalen verhaftet. Erstens ist es eine mechanische Aktivität, es verläuft immer nach einem sich wiederholenden Muster oder Zyklus. »Am Anfang des Zyklus« steht die Erfahrung. Es braucht nicht eine von uns gemachte Erfahrung zu sein, wir können sie auch von dem ersten Menschen oder unseren Ahnen übertragen bekommen. Aus der Erfahrung ergibt sich das Wissen, welches im Gehirn gespeichert wird, und aus dem Wissen ergibt sich das Gedächtnis oder die Erinnerung. Aus der Erinnerung folgt das Denken, nach welchem wir handeln. Aus diesem Handeln erwerben wir zusätzliche Kenntnisse. Der Zyklus wiederholt sich: Erfahrung – Kenntnisse – Erinnerungen – Denken – Handlung. Das ist das Muster, welches sich im Leben wiederholt (Krishnamurti 1993a: 15). Krishnamurti nennt dieses Muster auch ›Programm‹ – »wir sind so programmiert« (a.a.O.).

Wir denken, das Denken sei frei. Es ist aber durch Kenntnisse konditioniert. Diese Kenntnisse gehören nicht nur der Vergangenheit an, sie sind noch dazu beschränkter Natur. *Von keinem Gegenstand sind unsere Kenntnisse*

vollständig, von Menschen ganz zu schweigen. Diese Unvollständigkeit spiegelt sich in unserem Denken wider. So kann das Denken keines Problems, keiner Anforderung des Lebens in seiner Gesamtheit gewahr werden. »Es kann nur teilweise das Problem betrachten, und eine Teilantwort ist keine vollständige Antwort; also ist es keine Lösung« (Krishnamurti 1990 b: 112). Das ist das zweite Merkmal des Denkens. Der Versuch, denkend sich der Wirklichkeit anzunähern, ist von vornherein zum Scheitern verurteilt. Das Denken ist ja ein von der Vergangenheit gesteuerter Impuls, und somit eine Bewegung weg von dem Wahrzunehmenden, sich im »Jetzt« befindenden Gegenstand oder Menschen. Die Fähigkeit des Denkens, in vollständigen Kontakt mit einer Wahrheit oder einem Menschen zu treten, wird zusätzlich dadurch erschwert, daß die Wahrheit oder der Mensch im ständigen Wandel begriffen ist. Diese Eigenschaft ist nach Krishnamurti grundlegend für die Wahrheit. Er beteuert es an mehreren Stellen: »Zur Wahrheit führt kein Weg, darin besteht die Schönheit der Wahrheit – sie ist lebendig. Etwas Totes hat einen Weg, weil es statisch ist. Wenn Sie begreifen, daß die Wahrheit eine Sache ist, welche lebendig und beweglich ist [...], dann begreifen Sie auch, daß diese lebendige Sache eigentlich Sie sind« (Krishnamurti 1984 a: 15). Ausführlicher beschreibt es Krishnamurti in »Commentaries on Living: Third Series«: »Die Wahrheit muß immer neu und lebendig sein. Die verwendeten Wörter ›neu‹ und ›lebendig‹ sollen bloß einen Zustand bedeuten, welcher nicht statisch, nicht tot ist, welcher kein fester Punkt im Bewußtsein ist. Die Wahrheit muß von Augenblick zu Augenblick erneut entdeckt werden, sie ist keine Erfahrung, die wiederholt werden kann; sie hat keine Fortdauer; es ist ein zeitloser Zustand« (Krishnamurti 1984 d: 4).
Kurz: Das Denken kann die Wahrheit nicht erfassen, weil es, basierend auf unvollständigen Kenntnissen, selbst auch unvollständig ist. Andererseits sind Wirklichkeit und

Menschen im ständigen Wandel begriffen. Das Denken ist eine Bewegung in der Vergangenheit, welche der Gegenwart nicht begegnet.

§ 25 Denken und Realität

Das Denken erzeugt Kenntnisse, Bilder, Erfahrungen in keinem kleinen Ausmaß. Die ganze Welt, wie sie uns erscheint, wird vom Denken entscheidend gestaltet. Diese Gestalt nennt Krishnamurti »die Realität«. Er sagt: »Alles, worauf sich das Denken auswirkt, was es reflektiert oder fabriziert, ist die Realität« (Krishnamurti 1995: 15). Wenn das Denken konditioniert ist, dann ist die Realität, also die Gestalt, die das Denken der Welt auferlegt, verzerrt, sie ist eine Täuschung. Krishnamurti vertritt die Ansicht, daß unsere Welt und das Denken sich gegenseitig beeinflussen und konditionieren, wodurch unsere Vorstellung der Welt entsteht. Die Realität des konditionierten Denkens scheint die Wahrheit zu verdecken. So gesehen, entspricht Krishnamurtis Begriff der Realität ungefähr dem »Phaenomenon«, der uns erscheinenden Welt bei Kant, wogegen die dahinter verborgene Wahrheit dem »Noumenon« oder dem Ding an sich entspricht. Nach Kant ist es nicht möglich, »Phaenomenon«, die Erscheinung, zu durchbrechen und das Ding an sich zu erblicken. Diese Trennung sieht Krishnamurti nicht als undurchdringbar. Er hält es sehr wohl für möglich, »das Ding an sich« zu erfassen. Krishnamurti schließt nicht aus, daß das Denken oder das Bewußtsein in Ausnahmefällen einen unverzerrten Kontakt zur Welt haben kann, in welchem Fall es die Wahrheit erfaßt.

§ 26 Dualität und Fragmentierung

Grundlegende Eigenschaft der Realität ist die Dualität. Auch sie ist eine Leistung des Denkens. In der Natur, unabhängig von der Realität des Menschen, scheint es eine

Dualität zu geben. Zum Beispiel »Mann – Frau, Licht – Finsternis, groß – klein, verschiedene Farben, Stoffe etc.« (Krishnamurti 1982a: 128). Das Denken konstruiert eine andersartige Dualität, welche Krishnamurti die »psychologische Dualität« nennt. Sie zeigt sich in der Vorstellung des »Ich« als verschieden vom »Nicht-Ich«, eine Vorstellung, in der jeder Mensch sich als ein Zentrum und andere Menschen als verschiedene getrennte Zentren, als »du«, »er«, »sie« begreift. Zwischen den Zentren und sich selbst sieht er eine Entfernung, die psychologischer Natur ist. In diesem Netz der konstruierten Zentren entstehen unsere Beziehungen und die mit ihnen verbundenen Probleme und Konflikte. Im Grunde genommen ist die Dualität eine Trennung, und es ist eine der Thesen Krishnamurtis, daß jede Trennung zu Konflikten führt. Diese Dualität entsteht dann, wenn wir uns gedanklich von einer Tatsache wegbewegen. Ist die Tatsache der Schmerz, dann sagt das Bewußtsein: »Ich muß diesen Schmerz loswerden. Ich kenne die schmerzlosen Zustände, und ich möchte in einem schmerzlosen Zustand sein« (Krishnamurti 1984e: 44). Damit greift das Denken in den Zustand des Schmerzes ein und ein schmerzloser Zustand wird projiziert, den das Bewußtsein erreichen möchte. So gibt es eine Bewegung weg von der Tatsache des Schmerzes, und es entsteht die Dualität zwischen dem jetzigen Zustand und dem, wie er sein soll. Durch das Eingreifen des Denkens entsteht auch das Ego, das Ich oder, wie es Krishnamurti zu nennen pflegt, das Zentrum. Greift das Denken nicht ein, das heißt, bleibt das Bewußtsein bei der Tatsache, dann gibt es keine psychologische Dualität.

Zusätzlich zur Dualität gibt es ein weiteres durch die Tätigkeit des Denkens hervorgerufenes Phänomen, das zu persönlichen und zwischenmenschlichen Konflikten führt: die »Fragmentierung« (Krishnamurti 1990a: 31,10). Indem das Denken Bilder, Vorstellungen, Urteile und Meinungen über den Menschen erzeugt, zerteilt es ihn in verschiedene

Kategorien und versieht ihn mit Etiketten. Diese Zerteilung oder Fragmentierung geschieht auch mit anderen Menschen. So sieht der Mensch sich selbst vielleicht als Hindu, Vater, Steuerzahler, Verbraucher, geschieden, erfolgreich, intelligent, die anderen Menschen als Jude, Araber, Kommunist, Katholik, Kaufmann (Krishnamurti 1990a: 10). Einen fragmentierten Menschen mit vielen Etiketten betrachten wir als Individuum, wobei wir damit – unglücklicherweise, wie Krishnamurti meint – eine ganz positive Wertung oder Einschätzung verbinden.

Während auf einer Stufe das Denken Dualität erzeugt, zerteilt es die Dualität auf der zweiten Ebene, und dadurch entsteht die Fragmentierung. Diese Fragmentierung, die sowohl auf der Seite des Subjekts als auch auf der des Objekts geschieht, könnte man auch die Pluralität nennen.

§ 27 Denken und die innere Zeit

Weil das Denken des konditionierten Menschen eine Bewegung in der Vergangenheit ist, hat es nicht die unmittelbaren Erlebnisse und die jetzigen Wahrnehmungen zum Gegenstand. Da im Bewußtsein aber ein ständiger Denkvorgang abläuft, wird den jetzigen Erlebnissen oder Wahrnehmungen nur bruchteilhaft Aufmerksamkeit geschenkt. Die Wahrnehmungen von Situationen, Menschen oder Erlebnissen werden in ihrer Unmittelbarkeit gestört, und daher bleiben sie unvollständig. Wenn wir einem Konflikt nicht unsere ganze Aufmerksamkeit schenken, so bleibt er ungelöst. In den ungelösten Konflikt greift das Denken ein, und er wird zu einer Erinnerung gemacht und vom Bewußtsein getragen. Aus der Erinnerung wird eine Idee konstruiert, die den Konflikt lösen soll. Die Ursache der Entstehung der Idee liegt in der Vergangenheit. Die Verwirklichung der Idee liegt in der projizierten Zukunft. Und all das ist eine Bewegung des Denkens aus der Vergangenheit durch die Gegenwart hindurch in die Zukunft. Daher sagt Krishnamurti: »[Zeit] ist der Abstand zwischen der Idee und der Tat. [...] In diesem Abstand liegt das gesamte Feld der Zeit« (Krishnamurti 1984a: 74). So wimmelt unser Kopf von Gedanken darüber, was wir tun oder sagen werden, was wir hätten tun oder sagen sollen. Alle diese Gedanken sind unerfüllte Ideen oder Wünsche. Krishnamurti sieht das Wesen der Zeit im Denken und setzt das Denken mit der Zeit gleich: »Denken ist Zeit« (Krishnamurti 1985 62). Und: »Ohne den Denkprozeß gibt es keine Zeit« (Krishnamurti 1986: 107).

Die gedankliche Erzeugung der Zeit kann auch einen anderen Ausgangspunkt haben. Wenn ich mit meinem jetzigen Zustand unglücklich bin, dann muß ich mich eigentlich mit ihm auseinandersetzen; nicht vor ihm fliehen. Viele Menschen tun es jedoch. Sie möchten durch Religion, Meditation oder Analyse einen glücklichen Zustand erreichen. Der zu erreichende Zustand wird zu einem Ziel. Das Ziel ist eine Vorstellung, die das Denken aus dem unglücklichen jetzigen Zustand heraus fabriziert und irgendwann später verwirklichen will: Ich bin unglücklich, und ich möchte glücklich werden. Aus der Spannung zwischen dem Sein und dem Werden entsteht die Zeit, eine Bewegung aus der Vergangenheit durch die Gegenwart hindurch in die Zukunft (Krishnamurti 1982: 61).

Wenn das Bewußtsein dagegen Situationen oder Erlebnissen ungeteilte Aufmerksamkeit schenkt, dann greift das Denken nicht ein. Dann bleibt das Bewußtsein bei der Sache, ohne sich zu bewegen – ohne davor zu fliehen. Krishnamurti sagt: »Ich sehe etwas mit großer Klarheit – die Klarheit der Wahrnehmung. Die Wahrnehmung ist das Licht. Sie ist beendet. Darum ist das Bewußtsein nie der Zeit verhaftet« (Krishnamurti 1982: 31).

§ 28 *Kosmische Zeit und psychologische Zeit*

Wenn den Ereignissen die ungeteilte Aufmerksamkeit geschenkt wird, das Denken nicht eingreift und nicht die
Ziele auf die Zukunft projiziert – kurzum, wenn das Bewußtsein nicht denkt, was passiert dann? Dann leben wir
in diesem Augenblick ohne Projektionen. Gibt es aber tatsächlich keine Zeit? Wir sehen in der Natur, daß Samen
Sprossen treiben, aus den Sprossen Pflanzen wachsen, die
Pflanzen Blüten und Früchte tragen, daß Jahreszeiten
kommen und gehen, daß die Erde sich um sich selbst und
um die Sonne dreht. Geschieht nicht all das in der Zeit?
Wenn ich Sanskrit lernen will, dann fange ich heute an und
habe es in einem Jahr gelernt. Wenn ich nach Madanapalli
fahren will, dann setze ich mich ins Flugzeug, und acht
Stunden später lande ich in Indien. Ich fliege weiter nach
Madras, steige dort in einen Bus um und fahre nach Madanapalli. Geschieht nicht all das auch in der Zeit?

Nach Krishnamurtis Auffassung gibt es zwei Arten von
Zeit. Die eine ist die kosmische/physische Zeit und die
andere die innere/psychologische Zeit.

Auch wenn man nicht daran denkt, wird morgen die
Sonne aufgehen. Es gibt das Wachstum. Das All ist voller
Wachstum ebenso wie die Erde. Das ist eine unleugbare
Tatsache. Die Bewegung – Bewegung verstanden als Veränderung und Wachstum – ist für Krishnamurti die physische
Zeit. Sie existiert unabhängig vom Denken (Krishnamurti
1986: 106). Die psychologische Zeit dagegen ist ein Produkt des Denkens, die Spannung zwischen dem Sein und
dem Werden.

§ 29 *Und wenn es das Denken nicht gäbe, so gäbe es kein Ich*

Eine der größten Leistungen Krishnamurtis liegt in seiner
Lehre über das Ich (lateinisch: »Ego«). In dieser Klarheit

und Radikalität vermag kaum ein anderer Philosoph den Ursprung und die Überwindung des Ichs zu erklären. In seinen Vorträgen, Büchern und Diskussionen beteuerte er immer wieder, daß das Ich nicht existiere, es sei nur eine Vorstellung, eine Idee unter vielen anderen im konditionierten Bewußtsein. Im ursprünglichen oder entkonditionierten Bewußtsein gebe es kein Ich. Mit dieser radikalen Ansicht hat sich Krishnamurti bei seinen Zuhörern und Gesprächspartnern viel Ärger, Ablehnung und Verständnislosigkeit eingehandelt. Man könnte Geduld üben und versuchen, tolerant zu bleiben, wenn Krishnamurti sagt, die Kenntnisse, Erfahrungen, heiligen Schriften und Gurus konditionieren uns nur. Das Problem wird größer, wenn er sagt, das Denken sei konditioniert, daher nie frei und konditioniere uns auch. Doch die Toleranzschwelle wird überschritten, wenn Krishnamurti das Ego für eine Einbildung, ja für eine Illusion erklärt. Damit rührt er an die Wurzel unseres Daseins. Die Stimme der Verzweiflung hören wir in dem Einwand Pupul Jayakars, als sie in einer Diskussion mit Krishnamurti behauptete: »›Ich existiere‹ ist der wichtigste Kern in uns allen. Das ist ja das Gefüge unserer Existenz« (Krishnamurti 1982: 55).

In der Untersuchung der Frage, ob es ein Ich gibt und woraus sein Wesen besteht, kann man deutlich Krishnamurtis Methode des Philosophierens und sein Instrumentarium erkennen.

Krishnamurti zufolge muß die Wahrheit eine unmittelbar gegebene Tatsache sein, und sie muß auch als solche erkannt werden. Philosophisch formuliert würde es heißen: Die Evidenz [Beweis] der Wahrheit liegt in ihrer unmittelbaren Gegebenheit. Wenn wir durch das Denken, d. h. durch die Schlußfolgerung aus anderen Thesen oder Tatsachen, eine Behauptung ableiten, so kann sie im besten Fall als eine Vermutung oder Möglichkeit gelten. Um als Wahrheit gelten zu können, muß diese Behauptung in der unmittelbaren Erfahrung wahrgenommen oder erlebt werden. Wenn jemand behauptet, das Ich existiere oder es sei wahr, daß es das Ich gibt, dann muß er es auch unmittelbar erleben. Diese ist eine der wichtigsten Fragen der Philosophie, im Osten wie im Westen. Die Suche nach der Antwort heißt »atma vicara« (Reflexion über das Selbst) und das Wissen darüber »atma jnana«. Im Westen heißt das Thema »Selbsterkenntnis«. Die Frage nach dem Ich bildet einen wichtigen Bereich der Husserlschen Phänomenologie (vgl. Kap. 8).

Es sei vorausgeschickt, daß Krishnamurti das Ich mit verschiedenen Bezeichnungen belegt: Ich, Beobachter, der Meditierende, der Denker, das Zentrum, der Affe und so weiter.

Nach Krishnamurtis Auffassung muß man nach der Erfahrung oder Wahrnehmung des Ichs suchen. Für diese Suche gibt es nur zwei Bereiche: das Bewußtsein und die Außenwelt. Wenn wir das Bewußtsein untersuchen, so ist es voller Erinnerungen, Gedanken, Vorstellungen, Erwartungen, Wünsche, Ängste und so weiter. Wir begegnen nirgendwo dem Ich. Auch in der Außenwelt begegnen wir ihm nicht. Daher stellt Pupul Jayakar die Frage: »Wie beobachte ich den Beobachter? Was ist das Verfahren, wie der Beobachter beobachtet wird?« (Krishnamurti 1982a: 16) Krishnamurti antwortet, daß wir den Beobachter gar nicht beobachten. Dies zu beweisen, zieht er Beispiele aus der inneren und äußeren Welt heran.

Wir fühlen zum Beispiel oft Neid. Im Augenblick des Fühlens selbst erleben wir nicht das Ich. Der Neid ist die einzige Gegebenheit, die alleinige Tatsache. Wenn wir dieses Gefühl gedanklich festhalten und darüber nachdenken wollen, dann taucht das Ich auf. Das Ich allein kann man im Bewußtsein nicht beobachten. Das Ich kann man nur beobachten in Beziehung zum Gefühl oder Erlebnis, nachdem es gedanklich, in der Erinnerung festgehalten worden ist.

Krishnamurti gibt noch ein Beispiel. Ich bin zornig. Im

Augenblick des Zorns gibt es nichts außer dem Zustand Zorn. Erst dann, wenn das Denken auftritt, in diesen Zustand eingreift und versucht, den Zustand aus Erinnerungen heraus zu deuten oder zu erkennen, dann tritt auch das Ich auf und macht sich bemerkbar. »Gibt es kein Eingreifen [in das Erlebnis], dann gibt es keinen Beobachter, dann gibt es nur die Beobachtung« (Krishnamurti 1982a: 18). Krishnamurti nennt »das Eingreifen des Denkens« manchmal auch »die Bewegung weg von der Tatsache« oder »weg von dem Erlebnis«. »So entsteht der Denker [das Ich], wenn es eine Bewegung vorwärts oder rückwärts gibt« (Krishnamurti 1990: 33).

Krishnamurti macht uns auch auf intensive Naturerlebnisse aufmerksam, welche in der Ichlosigkeit stattfinden. Zum Beispiel wies er einen Besucher, Professor Needleman, auf die schönen Berge in der Ferne hin und auf das Licht, das auf sie fiel. Die Herrlichkeit des Anblicks überwältigte den Professor. Der Professor gestand, daß es in dem Augenblick kein »Ich« gegeben habe. Krishnamurti sagte zu ihm: »Als Sie auf die Berge schauten, war der Beobachter nicht da« (Krishnamurti 1990: 33). Dieses Erlebnis will das Denken festhalten, verlängern, wiederholen oder in Worten weitererzählen. Das geschieht unweigerlich durch das Denken, wobei das Ich entsteht. So ist das Ich Gedanke, Erinnerung, Vorstellung und Zeit. Das Denken setzt das Ich aus diesen Elementen zusammen. Wenn es das Denken nicht gäbe, so gäbe es kein Ich.

§ 30 Das Ich als Zentrum und die Teilung des Bewußtseins

Das intensive Erlebnis, das in der Ichlosigkeit stattfindet, vermittelt uns einen Einblick in den ursprünglichen Zustand des Bewußtseins. Wenn wir uns an unsere Kindheit erinnern, gibt es meines Erachtens dort zahlreiche Beispiele für die Ichlosigkeit; das Denken hatte im Bewußtsein noch nicht die Oberhand gewonnen. Doch unauffällig hat sich ein Zentrum herausgebildet und mit jeder Erfahrung und Enttäuschung gehärtet. Obwohl dieses Zentrum nur ein Gedanke ist, scheidet es sich vom Denken, zumindest glaubt es, daß es sich vom Denken scheide und verselbständige (Krishnamurti 1982: 246).

Wir haben bereits gesehen, daß das Denken die Dualität erzeugt, indem es das Ich entstehen läßt. Mit der Entstehung des Ichs als Zentrum findet auch die Teilung des Bewußtseins statt. Es wird in das Zentrum und die Peripherie geteilt. Wo es ein Zentrum gibt, muß es auch Grenzen für das Zentrum geben, und alle Aktivitäten des Bewußtseins wie Erlebnisse, Expansion oder Fortschritt auf ein Ziel hin finden nur innerhalb dieser Grenzen statt. Daher sind diese Aktivitäten fragmentiert, begrenzt und nicht ganzheitlich. Die Teilung des Bewußtseins ist zugleich eine Teilung und Verschwendung von Energie (zum Thema »Ich« und »Energie« vgl. Kap. 6).

Hier liegt auch die Ursache für die Aufspaltung des Bewußtseins in bewußte und nicht bewußte Aspekte, also für das Phänomen, daß es im Bewußtsein Erlebnisse oder Kenntnisse gibt, derer wir uns nicht bewußt sind. Uns sind nur die Teile des Bewußtseins zugänglich, denen sich das Ich zuwendet. Achyut, Krishnamurtis Gesprächspartner, beklagt sich über dieses Problem und sagt: »Zu keinem Zeitpunkt ist das Ich fähig, des gesamten Bewußtseinsfeldes Herr zu werden und es im Rahmen seiner Wahrnehmung zu haben« (Krishnamurti 1982a: 134). Das scheint die Genesis des Phänomens zu sein, das die Psychologie als »Unterbewußtsein« bezeichnet (vgl. §§ 35–37).

§ 31 Das Ich als Träger der Konditionierung

Wenn man Krishnamurti richtig versteht, so hat das Ich die Funktion des Organisationsprinzips im Bewußtsein. Das Ich entsteht dadurch, daß das Denken in die Erlebnisse eingreift. So ist das Ich selbst ein Gedanke – ein Ich-Gedanke. Entsteht einmal das Ich im Bewußtsein, so werden alle Erfahrungen, Erinnerungen, Kenntnisse, das heißt alle Bewußtseinsinhalte, um das Ich organisiert. Und umgekehrt lassen sich alle Bewußtseinsinhalte auf das Ich zurückführen. So ist das Ich nach Krishnamurti eigentlich der Träger der Bewußtseinsinhalte, welche gemeinsam die Konditionierung bilden.

Da aber das Ich ein Gedanke ist, ist es selbst nichts anderes als ein Bewußtseinsinhalt. Es ist aber ein besonderer Inhalt, weil es alle anderen Inhalte trägt. So gesehen kann man das Ich zu dem einzigen Bewußtseinsinhalt erklären, in dem wir alle anderen Bewußtseinsinhalte wiederfinden können. Daher Krishnamurtis Aussage: Das Ich »ist *der* Inhalt des Bewußtseins« (Krishnamurti 1982a: 134; Hervorhebung des Autors). Genauer betrachtet ist dieser Inhalt des Bewußtseins nichts anderes als die Konditionierung oder der wichtigste Faktor der Konditionierung. In diesem Zusammenhang sagt Krishnamurti oft: »Das Bewußtsein ist das, was es beinhaltet« oder »Bewußtsein ist gleich seinem Inhalt«.

Von dieser Auffassung des Ego her kann man Krishnamurtis metaphorische Bezeichnungen verstehen. Da das Ich allerlei Sachen treibt – »meditiert, verdrängt, konform geht oder nicht konform geht« –, nennt er es »Affe«. Da die Konditionierung sich negativ auswirkt, den Menschen der Freiheit beraubt, Verwirrung stiftet, nennt er sie »die Finsternis«. Er meint: »Die Finsternis existiert, solange es das Ich gibt; es [das Ich] ist der Verursacher der Finsternis« (Krishnamurti 1991: 129).

Krishnamurtis Philosophie zufolge ist der Gedanke vom Ich eine Illusion. Trotz der Logik seiner Beweisführungen waren seine Gesprächspartner und Zuhörer von dieser Auffassung nicht zu überzeugen. Das ist auch verständlich. Leben, Bildung, Religion (vor allem im Westen) und Kultur sind ja auf der selbstverständlichen Annahme aufgebaut, daß das Ich existiert. Verzweifelt und erstaunt stellten sie an ihn die letzte Frage: »Existiert in Ihnen nicht das Ich, das Gefühl von ›Ich bin‹?« Krishnamurti untersuchte sein eigenes Bewußtsein und fand dort kein Ich und beteuerte wieder, daß das Ich oder das Gefühl des »Ich bin« nicht wahr sei. Er habe kein Zentrum. Er beschrieb auch den Zuhörern, wie sein Bewußtsein und Leben ohne Ich aussieht (vgl. § 40).

Dieser Bewußtseinszustand Krishnamurtis, worin das Ich nicht vorhanden ist, ist kein Zufall und auch nicht einmalig. Nach eigenen Aussagen ist er kein Sonderfall der Natur. Es muß für alle Menschen möglich sein, in dem Zustand zu leben, welcher das eigentliche Ergebnis der Entkonditionierung ist. In dem Bewußtseinszustand, in dem das Ich, die »Ichvorstellung« nicht vorhanden ist, gibt es keine Teilung – nicht nur innerhalb des Bewußtseins, sondern auch zwischen Subjekt und Objekt. Dem Bewußtsein erscheint nur das Objekt, der Gegenstand, das Gefühl oder der Mensch. Es gibt keine Teilung zwischen ihnen und dem Bewußtsein. So ist das Bewußtsein dem Gegenstand gleich; daher Krishnamurtis häufige Aussage: »Der Beobachter ist das Beobachtete.«

§ 32 Lustprinzip

Das Denken ist in der Vergangenheit verfangen, hat keinen Zugang zur Wahrheit. Es erzeugt die sogenannte Realität, führt zur Subjekt-Objekt-Trennung, zur Dualität, fragmentiert die Menschen, konstruiert die innere Zeit, das Ich und sorgt dafür, daß der Mensch in Finsternis lebt. Warum denkt man dann überhaupt? Ist das Denken wirklich so negativ, wie Krishnamurti es erklärt?

Wir machen im Leben ständig Erfahrungen, schöne wie unschöne. Den Erfahrungen schenken wir meistens nicht unsere ungeteilte Aufmerksamkeit. Das führt dazu, daß sie gleichsam nicht beendet werden und sich in Erinnerungen verwandeln. Dazu kommt noch, daß wir im Leben, in allen Beziehungen, nach Lust suchen. Diese Lust wird vom Denken mit verschiedenen Bezeichnungen versehen: Loyalität, Hilfe, Spende, Erhalt und Dienst. Hinter diesen anscheinend selbstlosen, tugendhaften Taten steckt das eigene Interesse und das Streben nach Lust. Das gesamte Denken wird von diesem Lustprinzip gelenkt. Das Denken greift in unsere Erfahrungen ein, um die Lust der Erfahrung zu verlängern. Gedanklich kauen wir lange nach dem Vergehen der Erfahrung immer noch an ihrer Lust. Wir möchten die Erfahrung auch wiederholen, denselben Sonnenuntergang in den Bergen wieder erleben. So beginnt das Denken, die Erfahrung auf die Zukunft zu projizieren.

Oder wir haben eine schlechte Erfahrung gemacht, stürmisches Wetter im Monat Mai oder Streit mit einer Kassiererin im Supermarkt. Das hat uns beunruhigt und mißfallen – eine ganz gewöhnliche Erfahrung. Wir beenden auch solche Erfahrungen nicht im gleichen Augenblick. Wir möchten dieses Gefühl der Unlust nicht wieder erleben, und um es zu vermeiden, schmieden wir Pläne. Demzufolge denken wir ständig, und das Denken mischt sich in die Erfahrung ein. Wird die Erfahrung »Unlust« auf die Zukunft projiziert, entsteht die Angst. Ein anderer Auslöser von Angst könnte die Vorstellung sein, daß sich die Lust der gestrigen Erfahrung nicht wiederholt. So sieht Krishnamurti das Wesen der Angst in ihrer Beziehung zur Vergangenheit und meint, sie existiere nie an und für sich. Die Verlängerung oder Wiederholung der Lust und die Vermeidung der Unlust sind wesentliche Triebfedern für das Denken.

Ein anderer Grund ist das Verlangen nach Sicherheit, die immer falsch verstanden wird. Diese Sicherheit faßt Krishnamurti auf zweierlei Arten auf. Eine seiner Ansichten ist, daß das Gehirn nur in Sicherheit reibungslos funktionieren kann, daß die Gehirnzellen effizienter arbeiten, wenn sie nach einem bestimmten Muster mechanisch vorgehen.

Dieser Ansicht stimmten seine Gesprächspartner zu, die zum Teil anerkannte Wissenschaftler waren, wie zum Beispiel David Bohm. Das Denken ist also mechanisch und geschieht nach einem gewissen Muster, in dem die Sicherheit (wohlgemerkt die falsche) vorhanden ist. Und zusätzlich ist, wie wir oben gesehen haben, das Denken eine Reaktion des Alten und Bekannten, das heißt der Erinnerungen und der Vergangenheit. In vertrauten Erinnerungen fühlt sich das Gehirn wohl und sicher. Die Sicherheit ist der Grund, warum wir denken und warum wir als Arzt, Vater, Ehemann, Inder, Deutscher usw. konditioniert sind, als solche fragmentiert sind und als solche denken (Krishnamurti 1990a: 10–16, 33–42).

Man kann sich gegen diese Einsicht wehren, wie es David Bohm tut. Das Verlangen nach Sicherheit ist in den Organismus, in das Gehirn eingebaut, was ist falsch daran? Krishnamurti findet es natürlich, daß der Organismus nach Sicherheit sucht, und akzeptiert dieses Verlangen als ein biologisches Bedürfnis. Aber nach Sicherheit in unserem Leben oder unseren Beziehungen zu suchen ist seiner Ansicht nach falsch, und das mit Hilfe des Denkens erreichen zu wollen ist eine Illusion. Krishnamurti sieht ein, daß wir Sicherheit brauchen, aber stellt die Frage: Wie und wo findet man die absolute Sicherheit? Diese absolute Sicherheit liegt nach Krishnamurti in der höchsten Intelligenz (Krishnamurti 1990a: 64), welche infolge der Entkonditionierung erweckt wird.

§ 33 Geistige Sperren

Krishnamurti scheint unsere gesamte Lebensauffassung in Frage zu stellen. Erinnerungen, Kenntnisse, Erfahrungen, Autoritätspersonen, Erziehung, Religion, Tradition, kurz: alles, woraus unser Selbstverständnis besteht, wertet er nicht nur ab. Er betrachtet es sogar als Grund für die Teilung des Bewußtseins und der Menschheit. Er nennt die

Konditionierung sogar »geistige Sperre« (Krishnamurti 1991: 77, 78). Man fragt sich: Ist das wirklich so? Was täten wir ohne Erinnerungen, Erfahrungen, Bildung, Erziehung? Was wären wir ohne unsere Kenntnisse? Wenn wir keine Erinnerung an unsere Kalendertermine hätten, was würde dann passieren? Wenn ich keine Kenntnisse von der Stadt und vom Autofahren hätte, wie fände ich den Heimweg wieder, wie führe ich Auto? Wissenschaft und Technologie, die nichts anderes sind als systematisierte Kenntnisse, haben enorm viel dazu beigetragen, daß unser Leben bequemer ist, als es früher war. Kann man all das leugnen? Bedeutet dann die Entkonditionierung, worauf Krishnamurtis Philosophie hinausläuft, daß wir alle Kenntnisse vergessen?

Die Auffassung von Entkonditionierung und das Erlangen dieses Zustands bilden den am schwersten zugänglichen Teil der Lehre Krishnamurtis. Sie ist weder einfach zu verstehen noch zu vollziehen. Die Entkonditionierung wäre simpel, wenn Krishnamurti damit das Vergessen der Kenntnisse oder der Erfahrungen gemeint hätte. Zum Glück und leider ist dem aber nicht so.

Krishnamurti leugnet nicht, daß wir wissenschaftliche und technologische Kenntnisse brauchen. Wir brauchen bestimmte Kenntnisse beim Autofahren, Gebäudebauen, in der Agrarwirtschaft, in allen Lebensbereichen, und diese Kenntnisse zu verwerfen wäre lächerlich. Krishnamurtis Vorstellung von Entkonditionierung betrifft überwiegend die Kenntnisse im zwischenmenschlichen, psychologischen und spirituellen Bereich. Diese Kenntnisse verschließen unsere Augen und hindern uns daran, dem Unbekannten offen gegenüberzustehen. Zum anderen meint er nicht so sehr die Kenntnisse oder Erfahrungen selbst, sondern deren Einfluß auf das Bewußtsein. Dieser Einfluß oder diese Prägung ist die Konditionierung. So stellen zum Beispiel die technologischen Kenntnisse selbst keine Konditionierung dar. Aber unsere Abhängigkeit von der Technologie (von Autos, Stereoanlagen, Konsumgütern) ist ein Fall von Konditionierung. Bei der Entkonditionierung geht es um die Frage, wie das Bewußtsein von diesen Einflüssen befreit werden kann.

§ 34 Das richtige Denken

Dieselben Einwände, die wir gegen die Verzichtbarkeit der Kenntnisse und Erfahrungen erhoben haben, könnten wir auch dagegen erheben, daß das Denken als Konditionierung zu betrachten sei. Wenn wir nicht denken würden, dann bräche der Alltag zusammen. Können wir ohne diese Konditionierung auskommen? Denkt der entkonditionierte Mensch überhaupt nicht?

Krishnamurti unterscheidet das konditionierte Denken vom sogenannten richtigen Denken. Das konditionierte Denken ist eine Reaktion der Vergangenheit und als solche nicht frei. Es wird vom Lustprinzip gelenkt. Es kann zur Wahrheit keinen Kontakt haben, da es eine Bewegung weg von der Tatsache ist. Da es dadurch beschränkt, fragmentierend, unvollständig ist, ist es auch irrational (Krishnamurti 1991: 67). Es verstrickt sich in Widersprüche und Illusionen. Krishnamurti meint, im Augenblick der großen Entdeckungen der Menschheitsgeschichte sei das Gehirn still gewesen, das konditionierte Denken war nicht aktiv. Diesem konditionierten Denken hat aber der Mensch einen sehr großen Wert beigemessen und es auf den Thron gesetzt. Das war nach Krishnamurti die *falsche Wende* in der Menschheitsgeschichte (Krishnamurti 1991: 60).

Mit der Entkonditionierung des Bewußtseins verändert sich radikal der Charakter des Denkens. Da es nicht mehr von Lustprinzip und Sicherheitsgedanken gelenkt wird, ist es vollkommen rational. Krishnamurti verwirft das uns bekannte konditionierte Denken und verlangt an seiner Stelle das »richtige« Denken, denn »das richtige Denken eliminiert den Konflikt und den Widerspruch, welche die grundlegenden Ursachen für die Verzerrung des Geistes sind« (Krishnamurti 1984d: 153). Wie wir später sehen werden, bedient sich die Intelligenz dieses richtigen Denkens.

5. Die Reise in das Ungewisse

*»Dies ist in dem Bereich der Zeit; des Denkens,
welches Zeit ist. Jenes ist in dem Bereich der
Stille.«*

(Krishnamurti 1986: 23)

Das Bewußtsein wird über das Denken konditioniert und
der Mensch über das Bewußtsein. Wie wir später sehen
werden, ist zum Teil auch der Körper in diesen Prozeß
eingebunden, wobei Krishnamurti dem Einfluß des Körpers geringere Bedeutung beimißt. Nach der Betrachtung
aller Faktoren der Konditionierung stellt sich die Frage,
wie sich der Mensch entkonditionieren soll. In der Antwort auf diese Frage allein kann man sehen, ob Krishnamurti seine Berufung erfüllen kann. Und man kann die
Gründe verstehen, warum Krishnamurti die gesamte Tradition, alle Religionen, Gurus und ihre Techniken ablehnt.
Doch bevor wir soweit sind, uns mit dieser Antwort aus-
einanderzusetzen, müssen wir zwei andere Fragen beantworten. In der ersten Frage geht es um den Unterschied
zwischen der Psyche und dem Bewußtsein.

§ 35 Gehirn und Bewußtsein

Nicht ohne Grund haben wir oben in der Darstellung der
Konditionierung und ihrer Faktoren konsequent den Begriff »Bewußtsein« verwendet. Krishnamurti selbst benutzt neben der Vokabel »Bewußtsein« mehrere andere
Begriffe, nämlich »Psyche«, »Geist« (englisch mind) und
in bestimmten Zusammenhängen auch die Wörter »Gehirn«, »Gehirnzellen« und »Nervensystem«. Krishnamurti
verwendet diese Begriffe nicht mit wissenschaftlicher Genauigkeit, da es bei ihm nicht nur um das Gehirn oder die
Psyche, sondern um den gesamten Menschen geht.

Manchmal verwendet er »Bewußtsein« und »Psyche«, als seien sie gleichbedeutend. Er unterscheidet aber ganz deutlich das Gehirn vom Bewußtsein.

In diesem Punkt ist Krishnamurti im Einklang mit den Evolutionstheorien. Er geht davon aus, daß das Gehirn ein Produkt der Millionen Jahre alten Evolution des Organismus ist. In ihm sind viele Erinnerungen und Kenntnisse gespeichert, die der Organismus in der langen Vergangenheit angesammelt hat (Krishnamurti 1991a: 177). Krishnamurti sieht die verschiedenen Muster, sei es der Religion, der Wissenschaft, der Familie oder anderer Lebensbereiche, im Gehirn verankert. Diese Muster sind – ähnlich wie die Kenntnisse – mit Zeit gleichzusetzen. Daher meint er auch, daß sich die Gehirnzellen nur in der Zeit bewegen (funktionieren) können. Weiter behauptet er, die Gehirnzellen seien die Fußabdrücke der Zeit (Krishnamurti 1982: 39).

Das gilt für das Gehirn jedes Menschen. Alle Gehirne tragen dieselbe Geschichte und dieselben Muster. Es besteht keine Individualität, und daher ist das Gehirn universal. Die Bewegung der Gehirnzellen, welche eine Bewegung in der Zeit ist, setzt diese Erfahrungen, das heißt die Konditionierung, fort. Deshalb erzeugt jeder Versuch des Gehirns, seine eigene Bewegung aufzuhalten, nur einen Widerspruch. Da ja dieser Versuch selbst als eine Bewegung in der Zeit geschieht, bleibt das Gehirn weiterhin konditioniert.

Das Gehirn ist ein Produkt der Evolution, und es ist als solches von ihr konditioniert. Es kann sich selbst nicht entkonditionieren. In diesem Zusammenhang unterscheidet Krishnamurti unmißverständlich das Gehirn vom Bewußtsein. Der Unterschied ist ein zweifacher: Der Begriff »Bewußtsein« schließt »das Gehirn, Emotionen usw.« ein (Krishnamurti 1991: 188). Und: Das Gehirn ist ein Produkt der Zeit, während das Bewußtsein zeitlos ist (Krishnamurti 1991: 19). Aus dieser Erklärung heraus ist zu verstehen, was Krishnamurti an einer anderen Stelle sagt, nämlich: »Der Geist ist etwas anderes als das Gehirn – ist vollkommen getrennt – hat nicht die geringste Beziehung zu ihm« (Krishnamurti 1993: 44). Die Entkonditionierung des Bewußtseins geht der des Gehirns voraus, wobei in den Gehirnzellen eine »Mutation« stattfinden soll (Krishnamurti 1982: 38–40).

§ 36 Psyche und Bewußtsein

Die zweite Ungenauigkeit betrifft die Wörter »Psyche«, »psychologisch« und »Bewußtsein«. Auch diese Wörter verwendet Krishnamurti, als seien sie Synonyme. Er nennt zum Beispiel die innere Revolution, die den Menschen radikal verändern würde, auch die »psychologische« Revolution und die innere Zeit, die das Denken erzeugt, auch die »psychologische« Zeit. Auch das Wort »Psyche« verwendet er ab und zu. Was meint er mit diesem Begriff? Meint er denselben Gegenstand wie die Psychologie? Er behandelt oft Themen wie Angst, Aggression, Haß, Trauer, Langeweile, Träume, Denken und so weiter, die auch Themen der Psychologen sind. Ist seine Lehre als Psychologie oder Psychotherapie zu verstehen?

Eine ausschließliche Definition der Psychologie und des Gegenstandes ihrer Untersuchung gibt es nicht. Wenn wir jedoch Krishnamurtis Lehre mit der allgemeinen Auffassung von Psychologie vergleichen, ist sie weder eine psychologische Theorie, noch geht es bei ihm um die »Psyche«, wie sie als Gegenstand der Psychologie verstanden wird. Wenn Krishnamurti das Wort »Psyche« benutzt, meint er damit das Bewußtsein. Auch wenn die beiden Begriffe synonym verwendet werden, so gibt es einen Unterschied in der Vorgehensweise. Ein Teil oder Aspekt des gesamten Bewußtseins, den man vielleicht die »Psyche« nennen darf, bildet den Gegenstand des Psychologen. Der Psychologe untersucht diesen Teil, um das Verhalten des

Menschen, seine Probleme und Bedürfnisse zu verstehen. Die übrigen Spektren des Bewußtseins werden meistens außer acht gelassen. Da die Psychologen nicht das gesamte Bewußtsein berücksichtigen, sind sie nicht in der Lage, gewisse Themen in ihrer Gesamtheit zu erfassen. Wie soll der Psychologe die Phänomene Liebe und Trauer als solche erklären, wo sich doch die psychologischen Theorien nur mit eng begrenzten Problemstellungen, mit Facetten dieser Phänomene beschäftigen? Und wenn bereits diese Themen seine Kompetenz überschreiten, wie soll er dann Gotteserfahrungen verstehen oder erklären? Krishnamurti fragte einen Psychoanalytiker: »Sie kümmern sich um den kranken Teil des Bewußtseins. Wer kümmert sich um den Rest und um die Gesellschaft und ihre Erneuerung?« Der Analytiker sagte, das sei nicht seine Aufgabe. Er sei kein Sozialarbeiter (Krishnamurti 1982b: 167–171). Ein Psychologe oder Psychiater kann sich diese Aussage leisten, ein Philosoph aber nicht. In diesem Zusammenhang denke man an Freud, der sich mit dem Bewußtsein beschäftigte. Trotzdem bleibt er ein Psychologe, da sein Interesse überwiegend dem Verhalten und den geistigen Krankheiten des Menschen galt. Krishnamurtis Auseinandersetzungen mit dem Bewußtsein dagegen haben Bedeutung für alle Bereiche des menschlichen Lebens, der Gesellschaft und auch für den spirituellen Bereich. Die Entkonditionierung soll den Menschen nicht nur von seinen »Krankheiten« wie Haß, Selbstsucht, Angst oder Trauer heilen, sondern alle Strukturen des Bewußtseins, die zu diesen »Krankheiten« führen, aufheben. Die Folgen der Entkonditionierung strahlen auch in andere Bereiche aus.

§ 37 Kritik der Psychoanalyse

Daß nach Krishnamurti die Psychoanalyse das Bewußtsein nicht entkonditionieren kann, haben wir bereits erwähnt. Das liegt an der unterschiedlichen Auffassung von Bewußtsein und an der Methode. Diese Unterschiede sollen erläutert werden.

Krishnamurtis Kritik der Psychoanalyse erfolgt äußerlich gesehen nicht nach einer streng wissenschaftlichen Form, er setzt sich nicht mit spezifischen Aussagen von Freud, Freudianern oder anderen analytischen Ansätzen auseinander. Seine Kritik hat aber Gültigkeit für alle Analytiker und ihre Grundthesen, und er hat in den vierziger Jahren durch seine Vorträge und Gespräche verschiedene Psychoanalytiker in den USA – darunter etwa Sullivan und Fromm – beeinflußt oder ihnen Denkanstöße gegeben (Blau 1995: 134).

Der erste Kritikpunkt betrifft die Auffassung vom Unterbewußtsein. Für Krishnamurti ist die Teilung des Bewußtseins in das Bewußte und Unbewußte unbegründbar und trivial. Er hält sie für eine Erfindung der Psychologen. Auf die Frage seiner Gesprächspartner, David Bohm und David Shainberg, was er unter dem Begriff »Unterbewußtsein«, wie ihn die Psychologie gebraucht, verstehe, antwortete Krishnamurti: »Etwas Verstecktes, etwas Unvollständiges, etwas, wonach ich bewußt oder unbewußt gehen soll – was ich entdecken, ausgraben, erschließen und ans Licht tragen soll« (Krishnamurti 1990a: 80). Er fragt, warum man das Bewußtsein in das Bewußte und Unbewußte geteilt habe. Für ihn sei das Bewußtsein eine organische Ganzheit. Eine Trennung in zwei Bereiche sei nicht akzeptabel: Für Krishnamurti ist es keine Gegebenheit, daß das Bewußtsein wie der Körper aus verschiedenen Teilen zusammengesetzt ist.

Es gibt aber innerhalb des Bewußtseins Fragmente, zu denen wir keinen Zugang haben. So scheint Krishnamurti die formale Teilung des Bewußtseins in Bewußtes und Unterbewußtes abzulehnen, aber die Tatsache anzuerkennen, daß wir aus bestimmten Gründen nicht mit dem gesamten Bewußtsein in Kontakt sind. In seiner Kritik der Psychoanalyse geht es überwiegend um die Frage, warum wir den

Zugang verloren haben und wie wir ihn zurückgewinnen können.

Anders als die Psychoanalyse erkennt Krishnamurti keine Kräfte oder Mechanismen im Bewußtsein, die diesen Zugang versperren.

Er erklärt das Phänomen, daß uns nicht alle Aspekte des Bewußtseins zugänglich sind, letzten Endes mit seiner Definition des Denkens. Das Denken erzeugt Bilder von Situationen, Gemützuständen, Begegnungen, Menschen. Wir haben oben gesehen, warum und wie das Denken hier eingreift: Die unvollständige Achtsamkeit, die wir den Situationen oder unseren eigenen Gemützuständen schenken, lassen ein bestimmtes Bild von einer Situation oder einem Menschen entstehen. Das Bewußtsein wendet sich danach nur noch diesem Bild zu. Dasselbe passiert mit bewußtseinsinternen Erlebnissen. Wenn wir einen Gemützustand erleben, greift das Denken ein, erkennt anhand früherer Erlebnisse den Gemützustand und nennt ihn zum Beispiel Zorn. Dabei entsteht im Bewußtsein ein Bild des Zorns, das den Zugang zum puren Empfinden des Gemützustandes »Zorn« verhindert. Danach hat das Bewußtsein Zugang nur noch zu diesem Bild, der Gemützustand selbst bleibt unbeachtet, wird nicht voll erlebt. Solche Vorgänge passieren im Leben oft, und viele Bilder werden erzeugt, viele Situationen oder Gemützustände bleiben im Bewußtsein unbeachtet. Das ist nach Krishnamurti die Genesis der Fragmentierung des Bewußtseins.

Auch das vom konditionierten Denken erzeugte Ich ist an der Entstehung der Bilder beteiligt und zergliedert das Bewußtsein weiterhin. Als ein Zentrum, das seiner Struktur nach eine Begrenzung und eine Peripherie hat, hat das Ich nur zu einem Teil des Bewußtseins Zugang. Das ist wieder ein wichtiger Unterschied zu Freud und anderen Analytikern. Das Ich oder Ego ist keine Gegebenheit im Bewußtsein, sondern ein Ergebnis des konditionierten

Denkens. Wenn das Bewußtsein entkonditioniert wird, verschwindet das Ich. Für die Analytiker ist das Ich sozusagen der Vermittler zwischen der äußeren Welt und den inneren biologischen und emotionalen Bedürfnissen. Bei Krishnamurti ist es ein Faktor, der den direkten Zugang zur Welt und zu sich selbst vereitelt.

In diesem Zusammenhang sollten wir auch die kategorische Behauptung Krishnamurtis näher betrachten, die er oft wiederholt: *Der Beobachter ist das Beobachtete.* Gemeint ist: Der Beobachter (das Ich) ist ein Produkt des Denkens und als solches selbst ein Gedanke. Die Bewußtseinsinhalte wie Zorn, Haß, Angst und andere sind ebenfalls Produkte oder Bilder, die das Denken erzeugt. So besagt die These: Das Denken (der Beobachter oder das Ich) beobachtet sich selbst (das Bild des Gemütszustandes). Dem Gemütszustand an sich schenkt das konditionierte Bewußtsein keine Aufmerksamkeit. So ergeben sich im Bewußtsein drei Bereiche: Der Gemütszustand, eine Vorstellung von ihm und der Ich-Gedanke, der die Vorstellung beobachtet. Da wir konditioniert sind, unterliegen wir der Illusion, daß das Ich existiere und das Bewußtsein geteilt sei (Krishnamurti 1990a: 114). Daher Krishnamurtis zweite Behauptung: *Jede Teilung führt zu Konflikten.* Diese Konflikte sind Trauer, Gewalt, Langeweile, Haß, Neid, Angst und so weiter. Sie existieren im inneren Leben sowie in der Gesellschaft. Aus der zweiten Behauptung heraus kann man Krishnamurtis Kritik an der Technik der Psychoanalyse verstehen.

Die analytische Technik ist ein Schritt-für-Schritt-Verfahren, um die verdrängten Bewußtseinsinhalte aufzudecken, eine Schicht nach der anderen auszugraben. Dieses Verfahren erfordert viel Zeit, und es kann lange dauern, bevor man Erfolg sieht – »es dauert Ihr ganzes Leben« (Krishnamurti 1984e: 102). Das analytische Verfahren bedeutet Zeit, es geschieht auch in der Zeit. Die Entschränkung des Bewußtseins soll nach Krishnamurti in einem

Augenblick geschehen. Sie darf kein Verfahren und auch keine Technik sein, die Zeit erfordert.

Zur psychoanalytischen Technik gehört es, daß der Analytiker den Patienten durch die Theorien der Analyse betrachtet und analysiert. Diese Theorien sind Modelle, welche ein Bild des Menschen aufstellen. So wie die Bilder der Gemütszustände das Bewußtsein von diesen Gemütszuständen trennen, beeinträchtigen auch die Theorien der Analyse den unmittelbaren Kontakt zwischen dem Patienten und dem Analytiker. Husserl beklagt in seiner Schrift *Die Krisis der europäischen Wissenschaften und die transzendentale Phänomenologie,* daß die Naturwissenschaften die Natur, das heißt unsere Lebenswelt, mit Theorien und Mathematik belegt und uns dadurch der Fülle der ursprünglichen Erlebnisse beraubt haben (Husserl 1954: § 9. *Galileis Mathematisierung der Natur*). Krishnamurtis Kritik der Psychoanalyse und ihres Menschenbildes läuft in dieselbe Richtung. Den Menschen haben die Psychologen zu Modellen ihrer Theorien reduziert. Wir können uns selbst oder andere Menschen durch Theorien von Philosophen oder Psychologen nicht verstehen. Wenn wir es versuchen, dann »lernen wir sie [die Philosophen oder Psychologen] kennen, nicht uns selbst« (Krishnamurti 1993d: 19).

Die Techniken der Analyse verbergen das wahre Wesen des Menschen vor den Augen des Analytikers und trennen Patient und Therapeut. Der unmittelbare Kontakt ist aber sehr wichtig, um einen Menschen und seine Schwierigkeiten zu verstehen. Wie jede Trennung führt auch diese zu Konflikten. Der Psychiater Ronald D. Laing faßt die Situation noch radikaler und sagt: »Eine eigenartige Disjunktion zwischen zwei menschlichen Wesen, einem Psychiater auf der einen und einem Patienten auf der anderen Seite, ist letztlich der Anlaß, wenn auch nicht der Ursprung, für das Zuschreiben von Schizophrenie« (Laing 1975: 68–69).

Zu den Methoden der Analyse gehören auch Traumdeutung und freie Wortassoziationen. Krishnamurti hat eine eigene Ansicht über die Ursache der Träume. Seiner Ansicht nach sind sie kein Ausdruck verborgener Wünsche, die Erfüllung suchen. Wenn wir unsere Gedanken nicht zu Ende denken oder die Tagesgeschäfte unvollendet lassen, dann ergibt sich im Bewußtsein eine Unordnung. Im Schlaf versucht das Gehirn Ordnung zu schaffen. Diesen Versuch erleben wir als Traum. Krishnamurti zufolge müssen wir nicht notwendigerweise träumen. Wenn wir im wachen Leben alle Gedanken und Aktivitäten abschließen, dann brauchen wir den Traum nicht mehr (Krishnamurti 1990: 62–63).

Der Traum ist also kein königlicher Weg zum Unterbewußtsein, wie Freud ihn sieht, geschweige denn, daß er uns Auskunft über die Neurosen gibt.

Auch freie Wortassoziation oder Gespräch sind nach Krishnamurti nicht geeignet, das Bewußtsein zu befreien und den Menschen zu heilen. Während die Psychologie für möglich hält, daß man durch Verbalisierung verborgene Erlebnisse aus dem Unterbewußtsein ins Bewußtsein rufen kann, würde Krishnamurti diese Möglichkeit leugnen. Die Verbalisierung des Erlebnisses geschieht durch das Eingreifen des Denkens. Das bedeutet aber, daß ein Bild des Erlebnisses entsteht und die Aufmerksamkeit von ihm abwendet. Das ist bereits der Vorgang, bei dem im Bewußtsein die unbewußten Teile entstehen. So ist die Wortassoziation nicht der richtige Weg.

Die Psychoanalyse kann uns also nicht entkonditionieren. Sie bewirkt nur das Gegenteil. Ihre Theorien über Bewußtsein, Träume, Sexualität und andere Themen können unser Bewußtsein noch mehr konditionieren, so daß wir uns und unsere Mitmenschen nur noch im Spiegel dieser Theorien betrachten. Die Analyse kann Krishnamurti auf keine Weise in seiner Arbeit unterstützen.

§ 38 Konditioniertes Bewußtsein

Krishnamurtis Auffassung vom Bewußtsein ist erstaunlich modern. Sie ähnelt in mancher Hinsicht der phänomenologischen Auffassung und führt sie weiter mit einem bedeutenden neuen Beitrag. Dieser Auffassung nach hat das Bewußtsein folgende Aspekte:

a) Bewußtsein ist bewußt sein von etwas.
b) Das Bewußtsein ist das Denken.
c) Das Bewußtsein ist gleich seinem Inhalt.

a) *Das Bewußtsein ist bewußt sein von etwas* (Krishnamurti 1982a: 28): Wenn wir an Bewußtsein denken, bedeutet das, daß wir irgendeinen Gegenstand bewußt wahrnehmen. Wir können die Augen zumachen, dann sind wir uns der Bilder, Erinnerungen, Wünsche, Gedanken usw. bewußt. Es scheint keinen Augenblick zu geben, in dem wir uns keiner Sache bewußt sind. Sollte jemand die Erfahrung machen, daß er sich keiner Sache bewußt ist, dann ist er sich doch dieses »Nichts« bewußt oder auch der Erfahrung von nichts.

Dieser Sachverhalt heißt in der Phänomenologie Edmund Husserls Intentionalität (Husserl 1950: § 36. *Intentionales Erlebnis. Erlebnis überhaupt*). Krishnamurti macht zwar keinen Gebrauch von diesem Terminus, stimmt aber in der Sache mit Husserl überein.

b) *Das Bewußtsein ist das Denken.* Das so definierte Bewußtsein setzt Krishnamurti gleich mit dem Denken. Das eine kann man nicht vom anderen trennen. Auf die Frage Pupul Jayakars, was die Beziehung zwischen dem Bewußtsein und dem Denken sei, antwortet Krishnamurti, es gebe keine Beziehung zwischen den beiden. Er sagt: »Ich glaube, das ist eine falsche Frage. [...] Da gibt es keine Beziehung zwischen den beiden, weil sie nicht zwei verschiedene Dinge sind. Das Denken ist nichts Getrenntes von all dem [Bewußtsein]« (Krishnamurti 1982: 290). Das Denken ist aber nur eine Tätigkeit des Bewußtseins neben allen anderen Aktivitäten wie »Zuhören, sehen, lernen, hören, sich erinnern und auf die Erinnerung reagieren«. All das ist Bewußtsein. Hierin liegt wieder eine Parallele zu Husserl, der das Bewußtsein mit allen diesen Aspekten kurz mit »cogito« (lat.: »Ich denke«) gleichsetzt (Husserl 1950: 73).

c) *Das Bewußtsein ist gleich seinem Inhalt:* Wenn Bewußtsein und Denken gleichzusetzen sind, dann folgt daraus, daß zwischen dem Bewußtsein und seinem Inhalt kein Unterschied besteht. Was ist aber der Bewußtseinsinhalt? Das sind die Vorstellungen, Kenntnisse, Erfahrungen, Wünsche, Pläne, Enttäuschungen, Freuden, Zeit, das Ich usw. All diese sind nur Gedanken, und als solche sind sie nicht anders als das Denken. Das Denken ist das Bewußtsein. Daher folgt für Krishnamurti: »Bewußtsein ist sein Inhalt. Es besteht aus seinem Inhalt« (Krishnamurti 1985: 70).

Das Bewußtsein schließt nach Krishnamurti eigentlich alles ein: »Das Gehirn, Emotionen und alles« (Krishnamurti 1982a: 188 und Krishnamurti 1984e: 147) und zugleich übersteigt es das Subjektive. Da die Menschheit ein in der Evolution entwickeltes universelles Bewußtsein hat und da die Erfahrungen von Gefühlen wie Haß, Liebe, Zorn, Trauer bei allen Menschen gleich sind, unabhängig davon, wo sie leben, sagt Krishnamurti: »Mein Bewußtsein ist das Bewußtsein von der Welt« (Krishnamurti 1990). (Vgl. dazu auch Kapitel 7).

Mit der Entkonditionierung wird die Gültigkeit dieser Aspekte relativiert und zum Teil aufgehoben. Dann kommen neue Aspekte des Bewußtseins zur Geltung (vgl. Kap. 6 und 7).

§ 39 Das Aufhören des Denkens

Es ist nicht möglich, ohne Schwierigkeiten mit allen Ansichten Krishnamurtis über Konditionierung einverstanden zu sein. Es setzt eine seit langem bestehende Vertrautheit voraus. Um so schwieriger ist es, seine Ansichten über die Entkonditionierung zu teilen. Einer seiner Einwände gegen die Psychoanalyse besteht darin, daß sie Zeit voraussetzt. Zum einen verlangt Psychoanalyse viel Zeit, um durchgeführt zu werden, zum anderen bedeutet es auch, daß die Zeit ein Element der Psychoanalyse ist. Weil aber die psychologische Zeit ein Aspekt des konditionierten Denkens ist (vgl. § 27 und § 28), ist es einleuchtend, daß sie keine Rolle bei der Entkonditionierung spielen darf. Aus diesem Grund lehnt Krishnamurti auch die Traditionen der Religion, Meditation und andere Praktiken ab. Seiner Ansicht nach braucht man nicht jahrelang sein Bewußtsein zu analysieren, in der Waldeinsamkeit zu meditieren oder in den Bergen Yoga zu üben. Das Bewußtsein muß in einem Augenblick entkonditioniert werden. Krishnamurti macht hier keine Kompromisse. Die Entkonditionierung muß absolut, radikal und augenblicklich geschehen. Es muß einen kurzen und effektiven Weg geben.

Rufen wir uns Krishnamurtis Auffassung der Konditionierung noch einmal genauer ins Gedächtnis (vgl. Kap. 3 und 4): Das Bewußtsein ist gleich seinem Inhalt. Alle Bewußtseinsinhalte wie Erfahrungen, Kenntnisse und so weiter werden durch das Denken und die innere Zeit aus der Vergangenheit durch die Gegenwart hindurch in die Zukunft um das Ich oder um den Ich-Gedanken organisiert. So ist das Ich der Träger aller Bewußtseinsinhalte. Das Ich selbst ist eine Folge des Denkens. Soll das Bewußtsein gereinigt werden, soll das Zentrum gesprengt werden, soll eine innere »Explosion« stattfinden, so müssen alle Bewußtseinsinhalte aus dem Bewußtsein verschwinden. Damit soll auch die gesamte Konditionierung verschwinden.

Eine langwierige Reinigung des Bewußtseins in kleinen Schritten von einer Konditionierung zur anderen ist dagegen langwierig und nach Krishnamurti überhaupt nicht möglich.

Nach dieser Erkenntnis bleibt immer noch die Frage unbeantwortet: Wie entkonditioniert man das Bewußtsein? Oder anders formuliert: Wie sprengt man das Ich? Wer von Krishnamurti eine Methode oder Anleitung zur Entkonditionierung erwartet, wird enttäuscht. Krishnamurti sagt kategorisch, daß es keine Technik gibt. Wir haben erfahren: Konditionierung beinhaltet alle unsere Kenntnisse, Theorien, Erfahrungen. Hat uns nicht Krishnamurti insofern mit der Kenntnis, wir seien konditioniert, weiter konditioniert? Das ist tatsächlich so. Daher warnt uns Krishnamurti davor, unter seinen Einfluß zu geraten. Wenn wir seine Anregungen auf uns einwirken lassen, können wir die alten »Käfige« verlassen. Wenn wir ihm aber blind glauben und ihn verehren, dann haben wir ihn zu unserem neuen »Käfig« gemacht. Daher sagt er ausdrücklich in einem Vortrag: »Hören Sie auf niemand – einschließlich des Redners, vor allem nicht auf den Redner. Weil Sie leicht zu beeinflussen sind, weil Sie sich alle irgend etwas wünschen [...], Erleuchtung, Glückseligkeit, Ekstase, Himmel« (Krishnamurti 1984e: 126). Das gerade ist die Gefahr, die in der Esoterik, in der »New Age«-Bewegung liegt. Es werden viele Theorien, Modelle und Techniken angeboten, nach denen wir uns verstehen und verändern sollen. Aber Krishnamurti geht es um die wahre Selbsterkenntnis. Daher sagt er: »Wenn Sie dem folgen, was der Psychologe sagt oder was ich sage, dann verstehen Sie unsere Theorien, unsere Dogmen, unsere Kenntnisse; Sie verstehen sich selbst nicht. Sie können sich nicht nach Freud oder Jung oder nach mir verstehen« (Krishnamurti 1984a: 45).

Theorien, Modelle, Religionen versprechen die Befreiung des Menschen, beschränken aber seine Freiheit weiter.

136

Das Ich ist ein zentrales Thema aller Religionen. Alle sind sich darin einig, daß man es überwinden soll. Das Ego ist der Grund für die Miseren der Welt und ein Hindernis auf dem spirituellen Weg. Gott Krishna warnt eindeutig in *Bhagavatgita*: »Wenn du aus eigenem Ego heraus handelst, dann wirst du dich vernichten« (Sankaracarya 1983: 611). Aber die von den Religionen aufgestellten Gebote und Verbote fesseln den Menschen weiter. Die Geschichte aller Religionen beweist deutlich: Keine von ihnen hat die Miseren des Menschen oder der Welt gemindert; nach wie vor ist der Mensch überall in Ketten.

In diesem Zusammenhang kritisiert Krishnamurti auch alle Arten von Meditationstechniken wie Transzendentale Meditation, Zen, Tantra, Yoga, die das Bewußtsein zu reinigen und zu erweitern versuchen.

Diese Meditationstechniken haben eine klar definierte Methode und ein Ziel, das durch die Methode zu erreichen ist. Die Methode enthält gewisse Übungen, Wiederholung der Mantras (mystische Silben), Fasten und andere Rituale, die man regelmäßig wiederholen muß – sie verlangen eine gewisse Disziplin, einige sogar strenge Enthaltsamkeit. Das Ziel oder die Erfahrung, auf die abgezielt wird, ist klar formuliert. Die Wiederholung der Übungen und Mantras über eine lange Zeit, kombiniert mit der Enthaltsamkeit, stumpfen den Geist mit der Zeit ab. Der Geist ist der Schönheit der Welt gegenüber nicht mehr empfindsam. Irgendwann wird vielleicht das in Aussicht gestellte Ziel erreicht, die Erfahrung gemacht. Aber, fragt Krishnamurti, woher sind wir uns sicher, daß die Praktiken diese Erfahrung nicht simuliert haben, daß die Meditation keine Selbsthypnose war?

Wenn wir Konditionierung und Entkonditionierung des Bewußtseins richtig verstehen, dann verstehen wir auch, daß alle Techniken und Methoden ihrem erklärten Ziel, der Befreiung des Bewußtseins, widersprechen.

Meditationen und Religionen haben Methoden entwikkelt, die eine Reinigung und Erweiterung des Bewußtseins versprechen. Aber die Methode ist eine Vorstellung, die das Bewußtsein aus verschiedenen Erinnerungen und Kenntnissen zusammengestellt hat. Jeder einzelne Schritt, den diese Methode beinhaltet, ist eine Vorstellung oder ein Gedanke. Auch das Ziel, das man durch diese Methode erreichen will, ist eine Vorstellung, die das Denken konstruiert hat. Das bedeutet, daß das Bewußtsein unter dem Einfluß der neuen Kenntnisse steht; das bedeutet wieder, daß das Denken im Bewußtsein immer noch aktiv ist.

Noch aus einem anderen Grund bleibt das Denken im Bewußtsein aktiv. Ich bin mit meinem jetzigen Leben unzufrieden. Ich glaube, ich bin konditioniert, und glaube, daß mein Unglück mit der Konditionierung zusammenhängt. Ich möchte glücklich werden, das heißt, einen anderen Zustand erreichen, der in der Zukunft liegt. Das Denken hat aus den Erfahrungen heraus einen glücklichen Zustand projiziert, den ich in der Zukunft erreichen möchte. Dieser zukünftige Zustand könnte auch das Ziel der Meditation sein. Das projizierte Ziel und die Idee seiner Verwirklichung in der Zukunft beinhalten den Faktor Zeit. Meditation ist eine Bewegung in der Zeit. Sie bedeutet zugleich, daß das Denken im Bewußtsein aktiv ist. Die Entkonditionierung muß aber zum Aufhören des Denkens führen. Die Meditation, wie sie in der Tradition oder in der heutigen Esoterik-Szene verstanden und praktiziert wird, beinhaltet Zeit und Denken. Deshalb vermag sie das Bewußtsein nicht zu entkonditionieren (Krishnamurti 1982: 19–26).

So ist es naiv, in Krishnamurtis Vorträgen oder Büchern nach einer Methode oder Technik zu suchen. Sollte es eine Methode geben (es gibt sie nicht), dann wird auch sie dieselben Folgen haben. Man kann sie nicht zu einem Ziel machen.

§ 40 Das Ich verschwindet

Vielleicht sollte man als erstes alle Theorien und Autoritäten ablegen. Dann ist das Bewußtsein erleichtert, da es das tote Gewicht abgelegt hat. Es ist empfindsamer und beweglicher, da ihm mehr Energie zur Verfügung steht. Das ist aber ein bescheidener Anfang; zu bescheiden, als daß er erwähnenswert wäre.

Wichtiger als die Frage, wie man sein Bewußtsein entkonditioniert, ist die Frage: Woher wissen wir, daß wir konditioniert sind? Wissen wir das daher, daß uns Krishnamurti davon erzählt und uns die Kraft seiner Argumentation und Logik überzeugt hat? In diesem Fall haben wir ein theoretisches Wissen darüber, daß wir konditioniert sind – eine Kenntnis unter vielen anderen im Bewußtsein. Aus einer Kenntnis heraus das Bewußtsein entkonditionieren zu wollen konditioniert das Bewußtsein nur noch weiter. Daher stellt Krishnamurti die Frage: »Sind Sie sich [aus sich selbst heraus] bewußt, daß Sie konditioniert sind?« (Krishnamurti 1984a: 25)

Wir sind uns selten über unsere Konditionierung im klaren, und daher ist es auch schwierig, eine nicht theoretische Kenntnis von ihr zu haben. Wohl aber können wir uns der Folgen der Konditionierung bewußt werden. Der Konflikt ist eine solche Folge. Konflikte können wir beobachten, und im Konflikt ist die Gelegenheit gegeben, die Konditionierung zu beobachten. Solange unser Leben routinemäßig, reibungslos verläuft, und »wenn alles um Sie vollkommen glücklich ist, Ihre Frau liebt Sie, Sie lieben sie, Sie haben ein schönes Haus, nette Kinder, viel Geld« (Krishnamurti 1984a: 26), dann sind wir uns der Konditionierung gar nicht bewußt. Wir gehen durch das Leben wie Schlafwandler. Es gibt aber Situationen, in denen plötzlich Störungen in der Beziehung zu anderen Menschen oder zur Umgebung auftauchen. Dann wissen wir, daß wir konditioniert sind.

In beunruhigenden Situationen suchen wir nach den Ursachen; wir rationalisieren die Unruhe oder die daraus resultierende Trauer. Das Denken greift ein, beurteilt die Situation und projiziert eine glückliche Situation auf die Zukunft. Man flieht zu Religion, Meditation, Psychoanalyse, Atemtherapie, Körperarbeit und anderen Methoden. In dieser Unruhe aber steckt viel Energie. Wenn wir dieser Unruhe unsere ungeteilte Aufmerksamkeit schenken, dann sehen wir, daß die ganze Vergangenheit, die ganze Konditionierung auf natürliche Weise wegfällt.

Der Schlüssel zur Entkonditionierung liegt darin, daß man einer Situation oder einem Gemütszustand die ganze Aufmerksamkeit schenkt, ihn weder verurteilt noch begrüßt, ihn nicht rationalisiert. Das alles bedeutet, daß man, ohne sich gedanklich zu bewegen, bei dem Gemütszustand bleibt und ihn unmittelbar wahrnimmt. Während eines Vortrags, in dem Krishnamurti gerade die Bedeutung der unmittelbaren Beobachtung von Konditionierung erklärte, fuhr ein Zug laut vorbei. Krishnamurti fragte die Zuhörer, ob sie den Zug hörten. So unmittelbar sollen sie auch die Konditionierung erleben, dann fiele diese auf eine natürliche Weise weg.

Es kommt also auf die »unmittelbare« Beobachtung der Konditionierung an. Was bedeutet *unmittelbar*? Es heißt, daß wir die Konditionierung selbst beobachten, nicht irgendwelche Bilder oder Vorstellungen von der Konditionierung.

Dazu müssen wir zu der Frage zurückkehren, ob der Beobachter gleich dem Beobachteten ist. Nach Krishnamurti ist der Beobachter (das Ich) ein Produkt des Denkens, und das Beobachtete (im Fall der Konditionierung ist es der Bewußtseinsinhalt) ist auch ein Produkt des Denkens. Wenn das Ich die Konditionierung beobachtet, beobachtet eigentlich ein Gedanke andere Gedanken. Wenn man aber *erlebend* erkannt hat, daß das Ich nur ein Gedanke ist, dann besteht kein Unterschied zwischen dem

Ich und der Konditionierung. Wird die Illusion des Ichs erkannt, so bleibt nur noch die Beobachtung übrig – diese ist die unmittelbare Beobachtung der Konditionierung.

Daß das Ich kein selbständiges Wesen, sondern nur ein Gedanke ist, kann nur dann erfahren werden, wenn sich im Bewußtsein das Denken nicht bewegt. Wir haben gesehen, daß das Ich dann entsteht, wenn das Denken in die Erlebnisse eingreift. Die Beobachtung der Konditionierung ohne den Beobachter (das Ich) ist also dann möglich, wenn im Bewußtsein das Denken nicht mehr stattfindet, das heißt, wenn das Denken aufhört. Mit der Überwindung des Denkens überwindet man zugleich das Ich oder den Beobachter. Wie überwindet man das Denken? Wie kann es stillgehalten werden?

Wenn das Ich versucht, das Denken zu überwinden, dann bleibt immer noch das Denken bestehen. Das Ich ist ein Gedanke, und wenn das Ich sich seine eigene Überwindung zum Ziel macht, so ist auch das nur ein Gedanke. Denken versucht Denken zu überwinden; so läuft es im Kreis, und das Denken wird nicht überwunden. Wenn sich das Denken sagt, »Das Denken muß beruhigt werden, und es wird auch ruhig, dann ist diese Ruhe immer noch ein Gedanke« (Krishnamurti 1982: 23). Das ist die Gefahr selbst bei den seriösen Traditionen der Meditationen und des Yoga. Das Denken muß erkennen, daß es sich nicht überwinden kann. Es muß auch erkennen, daß es als eine Bewegung der Vergangenheit nie einen echten Kontakt zur Gegenwart haben kann und so auch nie zur Wahrheit. Es muß seine Grenzen erkennen. Wenn wir uns theoretisch mit diesem Thema beschäftigen, werden die Grenzen auch nur theoretisch erkannt. Wenn das Ich diese Grenzen erkennt, dann ist die Erkenntnis kein unmittelbares Erlebnis – ein Gedanke sieht andere Gedanken.

Nur so wird das Denken überwunden: »Wenn das Denken feststellt, daß all das nur eine eigene Bewegung in verschiedenen Formen ist, dann hört es auf. Dann wird das

Denken absolut still« (Krishnamurti 1982: 250–252). Diese Stille ist kein Ergebnis von Bemühungen oder langwierigen Übungen.

Rekapitulieren wir: Bei der Entkonditionierung wird das Bewußtsein in ein und demselben Augenblick von allen Bewußtseinsinhalten gereinigt. Dabei werden Denken, Zeit und Ich überwunden. Das Bewußtsein ist nicht eingeschlafen, sondern im höchsten Grade wach. In diesem Bewußtsein herrscht eine gesteigerte Achtsamkeit und absolute Stille.

In diesem Zustand werden alle Einflüsse zurückgelassen, selbst der Einfluß Krishnamurtis. Das schwebt ihm vor. Daher ist es ein Widerspruch, sich Krishnamurti-Anhänger zu nennen.

Wenn man die Einflüsse von Erfahrung, Kenntnissen und Vergangenheit losgeworden ist, ist man frei. Wenn man das Denken und die innere Zeit überwunden hat, kann das nur gut sein. Man denkt nicht mehr aus dem Lustprinzip heraus. Das »richtige« Denken kommt zur Geltung. Zwar verschwindet die innere Zeit, aber uns bleibt die physische Zeit übrig. Aber wie sieht das Leben aus, wenn es das Ich nicht mehr gibt? Das ist nach Krishnamurti nichts Aufregendes, da das Ich ohnehin nicht existiert: »Vielleicht ist es nur ein Wort, keine Tatsache. Es ist nur ein Wort, das ungeheuer wichtig geworden ist, nicht die Tatsache« (Krishnamurti 1982a: 186). Pupul Jayakar und Maurice Friedman empfanden eine solche Situation als hoffnungslos; sie fürchteten, die Existenz könne sich auflösen. Krishnamurti versicherte ihnen: »Das Leben geht weiter, aber ohne das ›Ich‹ als Beobachter [...]. Das Registrieren geht weiter, das Gedächtnis geht weiter, aber das Ich, welches das Denken erzeugt hat, welches der Inhalt des Bewußtseins ist, das Ich verschwindet« (Krishnamurti 1982: 250).

§ 41 Der Welt entsagen

Krishnamurtis Auffassung von Konditionierung, Entkonditionierung und die Argumente gegen alle Techniken und Methoden wirken verständlich und sinnvoll. Die Entkonditionierung ist letzten Endes mit Einsatz von Aufmerksamkeit zu erlangen, und danach ist der Mensch zum höchsten Glück fähig. Es ist aber ein Rätsel, warum das Einfachste nicht geschieht, warum wir uns nicht entkonditionieren oder warum es kaum jemanden gibt, der entkonditioniert ist – nach den Aussagen Krishnamurtis sind es nicht einmal ein paar Menschen. Warum ist das so? Worin bestehen die Widerstände?

Die Konditionierung umfaßt unsere Vergangenheit, unsere Erfahrungen, Vorstellungen – über uns selbst und die Welt. Alles, was wir im Leben erreicht haben und erreichen möchten, gehört dazu. Dies alles, zusammen mit unserem Glauben, unserer Weltanschauung und Tradition, bildet unsere Identität, das ist unser Selbstverständnis. Wenn wir denken, reden oder handeln, tun wir das aus dieser Identität heraus. Wir sind unsere Identität. Die Entkonditionierung verlangt von uns letzten Endes, daß wir unsere Identität aufgeben, ganz aufhören, so zu leben, wie wir uns das immer vorgestellt haben. Dies ist eine bedrohliche Situation für diejenigen, die glauben, sie seien besondere Menschen, sie hätten sich im Leben einen Namen gemacht oder sie hätten besondere Begabungen. Sie haben Angst, das alles zu verlieren. Auf diese Angst deutet Krishnamurti in einem Gespräch hin: »Bin ich bereit zu akzeptieren, daß ich aufhöre, ein Bildhauer zu sein?« (Krishnamurti 1982: 37)

Eng verbunden mit der Identität ist die Suche nach Sicherheit. Der Körper als Organismus braucht Sicherheit – regelmäßige Ernährung, Schutz vor Unwetter und anderem. Diese biologischen Aspekte der Sicherheit kann man nicht verleugnen. Nun machen die Menschen aber den

Fehler, diesen Sicherheitsgedanken auf die psychische Sphäre zu übertragen. Und aus dem Bedürfnis nach Sicherheit auf psychischer Ebene entsteht die Konditionierung. Das Denken fühlt sich wohl und sicher, wenn es sich mit Bekanntem beschäftigt und sich innerhalb der Vergangenheit bewegt. Als Gegenstück zum Körper auf physischer Ebene bildet sich das Ich auf der psychischen Ebene. Aus diesem Grund ist man zum Beispiel Angehöriger einer Religionsgruppe, Nation oder politischen Partei. Auf der Suche nach Sicherheit übernimmt man viele Bezeichnungen und Etiketten, das heißt, bewußt oder unbewußt konditioniert man sich und fühlt sich wohl. Das Bedürfnis nach Sicherheit sitzt so tief in uns, daß wir keinen Gegengedanken wirklich dulden. So ist das Spiel mit der Entkonditionierung auf der theoretischen Ebene sehr sympathisch, solange unsere psychische Sicherheit dadurch nicht bedroht wird.

Die psychische Sicherheit ist aber eine falsche Sicherheit, wie an der Geschichte der Menschheit zu erkennen ist. Durch die Suche nach Sicherheit sind wir Patrioten geworden, Angehörige der Religionen oder politischen Parteien oder Klassen. Der Mensch läßt sich fragmentieren, und diese Fragmentierung führt zu Konflikten. Die Menschheit hat aus dem Sicherheitsgedanken heraus Kriege geführt, sich gegenseitig bekämpft und die Erde an den Rand des Zusammenbruchs getrieben. Daher sagt Krishnamurti: »Wenn es keine Fragmentierung gäbe, geschichtliche, geographische, nationale, dann würden wir in voller Sicherheit leben. Wir alle wären geschützt, wir alle hätten Essen, Wohnungen. Dann gäbe es keine Kriege, wir wären alle eins. Er wäre mein Bruder, ich wäre er. Er wäre ich. Aber die Fragmentierung verhindert, daß dies stattfindet« (Krishnamurti 1990a: 16).

Der Widerstand gegen die Entkonditionierung rührt von den Bedenken her, sie könne uns von der Welt isolieren und wir stünden einsam da (Krishnamurti 1990a: 64).

Krishnamurti zufolge ist das eine unbegründete Angst, die nicht auf Erfahrung beruht. Für ihn liegt in dieser Einsamkeit die ganze Sicherheit. Dies kann man verstehen, wenn man berücksichtigt, daß nach Krishnamurtis Auffassung durch die Entkonditionierung gewisse verborgene Fähigkeiten des Bewußtseins erweckt werden (vgl. Kapitel 6). Da die Entkonditionierung von uns verlangt, daß wir unsere Identität, unseren Sicherheitsgedanken und die ganze Welt unserer Vorstellungen aufgeben und uns auf das Unbekannte, Unausgedachte, Unbeschreibbare einlassen, ist sie gleich der Entsagung der Welt: Entsagung von einer Welt, wie wir sie durch das Denken gestaltet und gepflegt haben. Daher bezeichnet Krishnamurti an einer Stelle die Entkonditionierung als Entsagung (Krishnamurti 1982a: 79). Damit ist aber keinesfalls der Eintritt in einen Orden oder die Flucht ins Himalaya-Gebirge gemeint. Die Mönche oder Sannyasins (Sanskrit: »die der Welt entsagt haben«) entsagen der Welt nur äußerlich. Die Welt, ihre Konflikte und Sorgen tragen sie in sich, selbst wenn sie sich in Wälder oder auf Berge zurückziehen. Die Entkonditionierung ist die einzige und wahre Entsagung.

§ 42 Wahrheit

Das Bewußtsein ist entkonditioniert, sein Kontakt zur Welt ist nicht mehr verzerrt. Da das Denken nicht mehr auf die Welt wirkt, kann das Bewußtsein ihr und den Mitmenschen die ungeteilte Aufmerksamkeit schenken. Die Realität, die das Denken erzeugt hat, scheint jetzt aufgehoben. Der Gegenstand erscheint dem Bewußtsein, wie er an sich ist. Die Trennung zwischen dem Gegenstand und seiner Erscheinung verschwindet. Daher sagt Krishnamurti: »Wahrheit ist etwas, das Sie unmittelbar sehen müssen« (Krishnamurti 1984e: 69). Wahrheit kann man nicht durch Denkschritte ableiten. Denken ist nur eine Erinnerung und kann uns nicht zur Wahrheit führen, die, so Krishnamurti,

in der Gegenwart liegt. Was meint Krishnamurti mit
»Wahrheit«?

Krishnamurti unterscheidet klar zwischen dem Wort
und dem Gegenstand und sagt oft: »Das Wort ist nicht der
Gegenstand« (Krishnamurti 1982a: 13). »Gegenstand«
kann all das bedeuten, dem gerade unsere Aufmerksamkeit
gilt. Das kann ein Baum im Blickfeld, ein Lied im Ohr
oder ein Gefühl wie Liebe im Herzen sein. Über alle diese
Gegenstände kann man reden, wenn sie gerade nicht erlebt
werden. Das Reden geschieht durch Wörter: Baum, Lied,
Liebe und so weiter. Diese Wörter deuten nur auf den
jeweiligen Gegenstand hin, sie sind selbst nicht der Gegenstand. Genauso verhält es sich auch mit philosophischen
Begriffen und Aussagen. Diese Aussagen enthalten keinen
Gegenstand, das heißt keine Erfahrung. In der Philosophie
gibt es eine Ansicht, wonach die Wahrheit eine Eigenschaft
sei – eine Eigenschaft, die einer Aussage zukommt. Krishnamurtis Behauptung, »das Wort ist nicht der Gegenstand«, lehnt diese Ansicht kategorisch ab. Die unmittelbare Gegebenheit eines Gegenstandes ist die Wahrheit, das
heißt, die Wahrheit kommt einzig und allein der Erfahrung
zu. In Krishnamurtis Philosophie kommt es auf Erfahrung
und Erfahrbarkeit an. Das macht seine Abneigung gegen
Theorien verständlich.

Die wirkliche Erfahrung kann aber nur im absolut gereinigten (entkonditionierten) Bewußtsein stattfinden. Dann
gibt es keine Vorstellungen oder kein Denken, die das Bewußtsein vom Gegenstand trennen. Diese Form von Erfahrung ist eine unmittelbare Zuwendung des ungeteilten
Bewußtseins. Das entkonditionierte Bewußtsein sieht den
Menschen oder die Natur ganzheitlich. Daher heißt diese
Form von Erfahrung oder Sehen »das ganzheitliche Sehen«. Dieses Sehen macht es möglich, daß man einen Gegenstand oder eine Situation in ihrer Gesamtheit erfaßt.
Aus dem ganzheitlichen Sehen resultierende Wahrheiten
sind keine subjektiven, sondern universelle Wahrheiten

(Krishnamurti 1995b: 131). Dieses Sehen ohne Bilder und ohne Bewertung und Verurteilung nennt Krishnamurti auch »die Kunst des Sehens« (Krishnamurti 1990a: 109). In diesem Sehen oder Beobachten erscheint dem Bewußtsein der Gegenstand, der zugleich die Wahrheit ist.

Um welche Wahrheiten geht es also bei Krishnamurti? Zum einen geht es um das Wesen des zu erfahrenden Gegenstandes. Wenn Krishnamurti über »Angst« diskutiert, so meint er weder die Angst eines bestimmten Menschen, der gerade vor ihm sitzt, noch geht es um Angst, die aus einer gewissen Lebenssituation hervorgeht. All diese Ängste wären lediglich verschiedene Beispiele der Angst. Hinter allen diesen Einzelfällen steckt das Wesen der Angst. Wenn wir dieses Wesen der Angst verstanden haben, dann haben wir alle Einzelfälle der Angst verstanden. Wenn wir aber viele Einzelfälle der Angst verstehen, heißt es nicht, daß wir das Wesen der Angst verstanden haben. Im ganzheitlichen Sehen werden die Wesenswahrheiten erkannt. Krishnamurti bezeichnet »Wesen« auch als »Form«, »Struktur« oder »Natur«. Er sagt zum Beispiel: »Wir haben nie das Wesen der Angst verstanden« (Krishnamurti 1993: 66) und auch: »Man kann die allgemeine Natur und Struktur der Angst beobachten, ohne sich dabei in die Einzelheiten der bestimmten Form der eigenen Ängste zu verlieren« (Krishnamurti 1984e: 64). So möchte Krishnamurti durch ganzheitliches Sehen das Wesen von Lernen, Religion, Meditation, Heiligkeit und anderen Gegenständen erschließen.

Wo es um spirituelle Erfahrung geht, nennt Krishnamurti diese Wahrheit das »Andere«, »Gnade«, »das Heiligste«. Für diese Art der Erfahrung scheint er unbewußt ein Wort gewählt zu haben, das an Gandhi erinnert. Auch Gandhi sagte, Gott sei Wahrheit, Wahrheit sei Gott. Diese Bedeutung von Wahrheit entspricht der Auffassung Gandhis.

6. Die Erweckung der Energie

»Meditation ist besser als Wissen.«
Bhagavadgita (2, 12)

Die Entkonditionierung geschieht in einem Augenblick. Das Bewußtsein wird von Ich, Zeit, Denken und von allen Prägungen gereinigt. Das hat unmittelbare Folgen für unser Leben. In der Abwesenheit der Bilder, Vorurteile, Erfahrungen ist der Mensch zum ersten Mal fähig, »die größte und verantwortungsvollste« Beziehung einzugehen. Er ist in sich selbst nicht gespalten und auch nicht in seinen Beziehungen. Die psychische Dualität ist überwunden. Die Folgen dieser Veränderung beschränken sich nicht nur auf die psychische oder zwischenmenschliche Ebene, sondern erweitern sich auf die ganze Gesellschaft und die Welt. Die Entkonditionierung führt das Bewußtsein in neue Dimensionen hinein. Konditionierung und Entkonditionierung, die zentralen Begriffe in Krishnamurtis Philosophie, kann man durch Argumente oder Beispiele erläutern. Mit dem tatsächlichen Erleben der Entkonditionierung verläßt man die argumentative Ebene und begibt sich auf eine neue Ebene jenseits des Beschreibbaren, die man nur durch Erfahrung verstehen kann. Darum geht es in diesem Kapitel.

§ 43 Meditation und Transzendenz

Zwar vollzieht sich die Entkonditionierung mit einem Schlag, in einem Augenblick, aber man kann sie nicht als Errungenschaft betrachten, die man für den Rest des Lebens genießen kann. Man muß wachsam bleiben. Mit der gesamten Achtsamkeit muß man die Bewußtseinsregungen beobachten. Diese Beobachtung geschieht ohne Sentimentalität und ohne Erwartungen. Das Bewußtsein beobachtet ohne Bilder, ohne Dualität, ohne Zeit und Denken. Da das Denken seine Grenzen erkannt hat, bewegt es sich nicht mehr. So ist die Achtsamkeit ungeteilt und das Bewußtsein ist sehr wach. In ihm herrscht absolute Stille.

Die Teilung des Bewußtseins durch Konditionierung führte dazu, daß der Mensch verschiedene »Etiketten« trug. Aus dieser Konditionierung besteht seine sogenannte Identität und Individualität. Diese haben ihre Wurzeln in den Erfahrungen. Die Erfahrungen sind aber unsere Beziehungen, Beziehungen zu Menschen und zur Welt. Unser Sein oder Dasein besteht nach Krishnamurti aus diesen Beziehungen, das heißt auch, daß wir auf die Erfahrungen nicht verzichten können. Das ist in der Formel »Bewußtsein ist bewußt sein von etwas« enthalten. Die Entkonditionierung des Bewußtseins ist demnach kein Ausweichen oder Unterdrücken der Erfahrung.

Das Bewußtsein wird also den Erfahrungen ausgesetzt. Trotzdem darf es in ihm keine Erinnerungen, keine Ansammlung von psychologischen Kenntnissen geben. Das verlangt, daß man eine Erfahrung in demselben Augenblick beendet und sie nicht in den nächsten Augenblick hinüberträgt. Das ist möglich, wenn wir an der Erfahrung oder an dem Erlebnis mit Geist, Körper, Herz, das heißt mit dem ganzen Wesen beteiligt sind. Dieses intensive Erfahren macht es möglich, daß das Bewußtsein die Erfahrung auf eine natürliche Weise beendet und ausstößt. Das nennt Krishnamurti die »Leerung«. Es werden nicht nur die aktuellen Erfahrungen, sondern auch alle Inhalte des Bewußtseins geleert. Die Leerung des Bewußtseins von abgeschlossenen Erfahrungen ist nichts anderes als seine Reinigung von der Vergangenheit. Krishnamurti nennt es auch »der Vergangenheit gegenüber sterben«. Die vergangenen Erfahrungen sind ja, wenn sie voll erlebt worden sind, tot. Daher fragt Krishnamurti: »Wenn das Bewußtsein etwas klar sieht, kann es diese Wahrnehmung beenden?« Die Klarheit der Wahrnehmung führt automatisch zu ihrer Beendigung. Krishnamurti: »Weil ich den ersten Schritt getan habe, habe ich zugleich den letzten Schritt getan« (Krishnamurti 1985: 31). In der vollen Beteiligung an der Erfahrung findet auch ihre Beendigung statt. Das nennt Krishnamurti die *Meditation*.

In der Tradition oder in der heutigen Esoterik gibt es verschiedene Formen der Meditation, die aber nach Krishnamurti keine Meditation sind. Sie haben eine Methode und ein Ziel. So sind sie vorsätzliche Meditationen, welche keine sind. Im besten Fall sind sie Unterhaltung und im schlimmsten Fall ein Geschäft.

Lehnt der Mensch überkommene Ansichten und Traditionen ab, so steht er vor der Kenntnis, daß er nichts weiß. Das ist der Anfang der echten Entdeckung. Auf dieser Basis entdeckt Krishnamurti die wahre, eigentliche Bedeutung vieler Begriffe, derer wir uns nicht bewußt sind. Meditation ist einer dieser Begriffe, die mißbraucht werden. Meditation hat nach Krishnamurti folgende Aspekte:

a) Viele Menschen sind auf der Suche nach etwas. Dieses Etwas möchten sie in der Meditation erfahren oder finden. Wenn jemand etwas sucht, dann weiß er ungefähr, wonach er sucht; er hat eine Vorstellung davon, empfindet einen Wunsch nach etwas. Findet er in der Meditation das Gesuchte, so hat er nur seine Vorstellung, seinen Gedanken wiedergefunden. Das konditionierte Bewußtsein übersteigt nicht das Denken und die Vergangenheit. Es ist dem Unbekannten gegenüber nicht offen. *In der echten Meditation gibt es keine Suche nach Erfahrungen oder Zielen.*

b) In der Meditation legt man den Grundstein der Ordnung. Ordnung und Disziplin sind zwei Begriffe, die Krishnamurti sonst aus seiner antiautoritären Haltung heraus verurteilt. Ordnung schaffen zu wollen und das äußere oder innere Chaos bewältigen zu wollen wäre ein Streben nach etwas, was es nicht gibt. Die Ordnung, die man planmäßig erreichen will, ist nur eine künstliche Umgestaltung der Unordnung. So hat sie ihre Wurzeln immer noch in der Unordnung. Diese künstliche Umgestaltung dient dazu, mit einer Autorität oder einem System konform zu gehen. So sind dabei Zwang und Unterdrückung im Spiel. Diese Form von Ordnung lehnt Krishnamurti kategorisch ab.

Die Ordnung, die in der Meditation im Sinne Krishnamurtis entsteht, ist ein Ergebnis dessen, daß man mit Hilfe der vollen Aufmerksamkeit die Unordnung im Bewußtsein versteht (Krishnamurti 1984e: 87). Und sie ist keine Folge von Anstrengung oder Beherrschung. Krishnamurti zufolge entsteht Unordnung durch Konflikte in uns. Auch Widersprüche sind Konflikte. Sie muß man verstehen und ihnen in die Augen schauen. Wenn die Konflikte verstanden und dadurch gelöst sind, entsteht im Bewußtsein eine Ordnung, die die Bewegung der Meditation ist. Das ist für Krishnamurti Selbsterkenntnis oder, wie er es auch nennt, Gerechtigkeit.

c) Der Körper spielt in der Meditation eine wichtige Rolle. Ein Körper muß absolut still sein können. Oft machen Menschen die Erfahrung, daß ihr Körper nervös reagiert, zuckt, die Finger oder Augen sich unruhig bewegen. So ein unruhiger Körper stört die Stille des Bewußtseins. Von Natur aus hat der Körper eine eigene Intelligenz. Er kann sich selbst am Leben und gesund erhalten. Das Denken aber benutzt ihn in seinem Versuch, die Lust zu verlängern, verführt ihn zum Beispiel zu übermäßigem Essen oder Schwelgen in Sexualität. Durch Medikamente wird versucht, den Körper gefügig zu machen, ihn weniger oder mehr schlafen zu lassen. All das zerstört seine Intelligenz und die Fähigkeit, still zu sein. Es ist interessant, daß Krishnamurti in einem Vortrag seinen Zuhörern ein Experiment vorschlägt. Sie sollen zwei Minuten still aufrecht sitzen und beobachten, wie das Blut ins Gehirn steigt. In diesen zwei Minuten »öffnet« sich das Ganze (Krishnamurti 1984e: 92).

d) Meditation ist für Krishnamurti nicht eine isolierte Aktivität, die täglich zehn oder zwanzig Minuten lang geübt wird. Sie ist auch keine Wiederholung, kein Murmeln von mystischen Formeln hundertacht- oder tausendachtmal am Tag. Meditation, wie Krishnamurti sie auffaßt, umspannt den ganzen Tag und sogar die ganze Nacht. Tagsüber sind wir mit vielen Aktivitäten beschäftigt, wir denken auch viele Gedanken. Wenn wir diese Aktivitäten mit Achtsamkeit beobachten und jeden Gedanken zu seinem logischen Schluß führen, dann werden wir nicht träumen (vgl. Kapitel 5, § 37). Ununterbrochene Beobachtung der Aktivitäten und Gedanken führt zum traumlosen Schlaf. Man stellt fest, daß man selbst im Schlaf achtsam ist. Wenn wir soweit sind, ist das gesamte Bewußtsein erwacht. Krishnamurti erzählte David Bohm einmal, daß er nicht im gewöhnlichen Sinn meditiere, doch beim Aufstehen oft feststelle, daß er die ganze Zeit bis dahin nur meditiert habe.

e) In der Stille des Bewußtseins, wo alles zur Ruhe kommt und außer der Achtsamkeit nichts mehr fortwirkt, wird eine Harmonie zwischen Bewußtsein, Herz, Emotionen und Körper hergestellt. Alle zusammen bilden nach Krishnamurti das eigentliche Bewußtsein. Da in der Meditation keine Bewegung im Sinne eines psychologischen Werdens vorhanden ist, spiegelt sie die kosmische Ordnung in sich. Das Bewußtsein berührt den Grund des Kosmos und wird eins mit ihm (Krishnamurti 1982a: 148).

f) In der Meditation fällt vieles weg – Ich, Zeit, Denken, alle Bewußtseinsinhalte, die gesamte Konditionierung, alles wird beendet. Dies kommt einerseits der Entsagung und andererseits dem Sterben gleich. Daher heißt die Meditation bei Krishnamurti der Tod, da hier alles absolut beendet wird und sich die Leere auftut. Diese Leere ist eine Tatsache und keine Vorstellung. Mit dieser Leere oder dem Tod meint Krishnamurti nicht einen körperlichen Tod. Dieser sei trivial. In der Meditation wird das Individuum (englisch »the particular«) getötet (Krishnamurti 1991: 45).

§ 44 Entschränkung des Bewußtseins

In der Meditation geht es um die völlige Beendung von Ich, Denken, Zeit und Individuum – um die Beendung des gesamten Bewußtseinsinhalts. Diese Inhalte des Bewußtseins vergleicht Krishnamurti mit einem Tal. Er sagt: »Schauen Sie sich das Tal an, die Berge, Bäume, Felsen – all diese sind das Tal. Ohne diesen Inhalt des Tals gibt es kein Tal. Wenn es im Bewußtsein keinen Inhalt gibt, gibt es auch kein Bewußtsein« (Krishnamurti 1982: 194). Daß es nach der Meditation keine Fragmentierung, keine Identität, Individualität, kein Ich mehr gibt, kann man verstehen. Aber wenn die Beendung aller Inhalte die Beendung des Bewußtseins selbst ist, wenn es kein Bewußtsein mehr gibt, von wessen Achtsamkeit und von wessen Harmonie oder Stille ist dann die Rede?

Gerade hier, im Verschwinden des bestimmten Individuums oder eben des bestimmten Bewußtseins wird der Riesenschritt auf eine ganz neue Ebene getan. In demselben Gespräch konkretisiert Krishnamurti weiter: »Dann gibt es kein Bewußtsein im Sinn des beschränkten« (Krishnamurti 1982: 194). Wie ist das zu verstehen? Wir erinnern uns: Das Individuum ist nach Krishnamurti Angehöriger einer bestimmten Nation, Kaste, Religion, Klimazone und so weiter. Diese Zuordnungen stellen die Konditionierung dar und sind der Inhalt des Bewußtseins. Indem das Denken in die Erfahrungen eingreift, entsteht das Ich, das Krishnamurti auch das Zentrum nennt. Das führt zur Teilung des Bewußtseins in das Zentrum und die Peripherie. Das Ich kann sich demzufolge jeweils nur einem Teil des Bewußtseins zuwenden. Die anderen Teile bleiben ihm verborgen. Die Konditionierung führt auch dazu, daß im Kontakt zu anderen Menschen der direkte Zugang versperrt ist; der andere bleibt hinter Vorurteilen und Bildern verborgen. Die Entschränkung des Bewußtseins in der Meditation würde demzufolge auch bedeuten, daß wir uns des gesamten Bewußtseins bewußt sind und unmittelbaren Kontakt zu anderen Menschen haben. Das wäre die Entschränkung auf der untersten Ebene. Nach Krishnamurti tut sich hier das universale Bewußtsein auf. Dieses Bewußtsein trennt nicht mehr zwischen einer Person und einer anderen. In ihm ist das Bewußtsein aller enthalten. Zwar trägt nach diesem Ereignis jeder Mensch seinen Namen wie vorher. Aber der Name hat nicht denselben Inhalt wie früher. Er hat nur eine Funktion, vergleichbar dem Pronomen ich, er, du. Daher sagt Krishnamurti: »Mein Bewußtsein ist das Bewußtsein von der Welt« (Krishnamurti 1990: 113).

§ 45 Freisetzung der Energie

Die Teilung des Bewußtseins in das Zentrum und die Peripherie führt auch dazu, daß sich die Energie vom Zentrum zur Peripherie und zurück bewegt. Das ist Verschwendung von Energie. Die Energie wird durch die Konditionierung in Konflikte und Widersprüche verwickelt und blockiert. Wenn es im Bewußtsein keine Bewegung mehr gibt, wie das psychologische Werden, das Denken und die daraus resultierende Zeit, dann ist in der Stille des Bewußtseins die Energie aufs höchste gesammelt. Die Sammlung der Energie ist nach Krishnamurti Religion (Krishnamurti 1991a: 148). Das hat Folgen auch für den Körper. In der Bewegungslosigkeit des Körpers verändert sich die Qualität der Gehirnzellen. Diese Verwandlung nennt Krishnamurti Mutation. Sie geschieht dadurch, daß die konzentrierte Energie auf die Gehirnzellen explosiv wirkt. »Wenn diese Energie keinerlei Bewegung hat, dann, denke ich, passiert etwas, dann muß sie explodieren. [...] Ich denke, dann muß sich die Qualität der Gehirnzellen ändern« (Krishnamurti 1982: 38).

Um welche Energie geht es hier? Diese Frage stellten auch die Gesprächspartner Krishnamurtis, wenn er über die Energie und ihre Erweckung sprach. In der traditionellen Mystik und Philosophie Indiens spielt die Energie eine bedeutende Rolle. Der erste Punkt, der einer Klärung bedarf, ist die Natur dieser Energie. David Bohm fragte nach, ob sowohl die physikalische als auch jede andere Form von Energie gemeint ist. Krishnamurti bejahte beides. In einem anderen Gespräch erläuterte er, es gehe um eine Energie, die nicht verursacht sei, das heißt, jenseits von Ursache und Wirkung stehe und daher nicht mechanisch sei, keinen Anfang habe und sich ständig erneuere (Krishnamurti 1982a: 100). Diese Energie heißt in der indischen Tradition »die Kundalini-Kraft«, die sogenannte Schlangenenergie. Sie schlummert der Tradition zufolge im Mūlādhāra-chakra jedes Menschen und kann durch yogische und esoterische Praktiken erweckt werden. Je nachdem, in welchem chakra sie sich in ihrem progressiven Aufstieg in das sahasrāra-chakra (das tausendblättrige Kraftzentrum im Kopf) befindet, erhält der Aspirant verschiedene übersinnliche Kräfte. Wenn diese Kraft das sahasrāra-chakra trifft, wird der Mensch erlöst.

Krishnamurti ist der Meinung, daß es diese Energie gibt, aber er lehnt jegliche Technik zu ihrer Aktivierung ab. Sowohl die Technik als auch das Ziel der Aktivierung liegen in der Zeit. Das Ziel möchte man durch Übungen stufenweise erreichen, ein Verfahren, welches Zeit bedeutet. So ist im Bewußtsein das Denken tätig. Das heißt auch, daß das Ich vorhanden ist. Das Ich beschränkt das Wirkungsfeld der Energie, wodurch sie selbst beschränkt wird. Daher vergleicht Krishnamurti den traditionellen Weg über Übungen, Askese und andere Methoden mit dem Versuch, eine Kerze vor der Sonne anzuzünden. Viele Aspiranten führten ihr übliches egoistisches Leben weiter, suchten psychologisch nach Macht und Sicherheit. Krishnamurti verurteilt kategorisch alle Wochenendseminare oder Kurse, die die Erweckung der Kundalini-Kraft lehren wollen: »Jemand, der Fleisch ißt, berühmt werden will, das und jenes haben möchte und auch sagt, seine Kundalini sei erweckt – ich sage, es ist Unsinn« (Krishnamurti 1982a: 100). Die Überwindung des Ichs und die absolute Leerung des Bewußtseins ist nach Krishnamurti die unabdingbare Voraussetzung für die Erweckung der Kundalini-Kraft. Dabei muß man sich darüber im klaren sein, daß die Reinigung des Bewußtseins die einzige Aufgabe ist, die man übernehmen soll. Die Erweckung der Energie kann man sich nicht zum Ziel setzen. Das zu tun wäre verkehrt. Die Energie »ist die heiligste Sache. Deswegen können Sie sie nicht anrufen« (Krishnamurti 1982a: 100).

§ 46 Denken und Intelligenz

In der Entkonditionierung wird das Denken beruhigt. Das Ich als ein Faktor, der das Bewußtsein teilt, wird überwunden. Was passiert dem Menschen, dessen Denken beruhigt wird? In einer Diskussion schlug David Bohm vor, die Rationalität als den gemeinsamen Nenner aller Menschen anzunehmen. Krishnamurti wendete sich heftig dagegen und meinte, das sei falsch: »Wenn sie rational wären, würden sie einander nicht bekämpfen« (Krishnamurti 1991: 58). Wir haben gesehen, daß nach Krishnamurti Entkonditionierung zum richtigen Denken führt.

Das Denken wird vom Lustprinzip gelenkt. Hinter jedem Gedanken steckt der Wunsch danach, wie wir sein oder was wir werden möchten. Das Denken bewegt sich innerhalb der Vergangenheit und trifft nie unmittelbar die Gegenwart. Daher gerät es immer in Widersprüche und ist nicht fähig, die Wahrheit zu begreifen. Wenn in der Meditation das Denken seine Grenzen erkennt und sich nicht mehr bewegt, wird die Einsicht erweckt, die Krishnamurti die Intelligenz nennt. Entgegen vorherrschenden Ansichten hat die Intelligenz für Krishnamurti nichts mit Denken zu tun. Beide sind voneinander unabhängig. Wenn das Denken, das für die Teilung des Bewußtseins verantwortlich ist, versucht, die Intelligenz zu benutzen, wird die Intelligenz beschränkt; so beschränkt, daß sie aufhört, Intelligenz zu sein. Daher gibt es für Krishnamurti kein intelligentes Denken.

Das Denken und die Gedanken setzt Krishnamurti mit der Materie oder dem materiellen Prozeß gleich. Als materieller Prozeß ist es meßbar. Oft sagt er: »Der Gedanke ist die Materie« und verwirrt damit den Leser. Er meint sogar, jemand, der zuviel denke, sei Materialist, da das Denken Materie ist (Krishnamurti 1984a: 101). Krishnamurti sieht diese Ansicht darin bestätigt, daß der Gedanke Energie ist. Materie ist nur eine Form der Energie. So ist der Gedanke letzten Endes nur Materie.

Denken und Intelligenz scheinen in einer merkwürdigen Beziehung zueinander zu stehen. Ist die Intelligenz völlig verschieden vom Denken (Krishnamurti 1990: 180) und das Denken selbst ein materieller Prozeß, so stellt sich die Frage: Welche Beziehung besteht zwischen den beiden? Daß zwei verschiedene Wesen nicht in einer Beziehung zueinander stehen können, ist eine allgemein anerkannte philosophische These. Krishnamurti macht unbewußt von dieser Annahme Gebrauch, wenn er sagt, daß Intelligenz und Denken zwei völlig unterschiedliche Dinge sind und nichts miteinander zu tun haben (können). So ist im Bewußtsein die Intelligenz nicht erwacht, solange das Denken aktiv ist. Das Denken schwatzt nicht nur ununterbrochen, es belegt den ganzen Bewußtseinsraum mit seinen Bildern, Vorstellungen, mit Zeit und Ich. In diesem beengten Bewußtsein hat die Intelligenz keinen Platz, sie kann nicht wirksam werden. Deshalb herrschen im Bewußtsein Unordnung und Chaos.

Wenn durch die Meditation das Denken zur Ruhe kommt und nicht mehr in die Gegenwart eingreift und wenn das Denken selbst feststellt, daß es die Unordnung des Bewußtseins mit seinen Bemühungen nicht bewältigt, dann wird die Intelligenz erweckt. Damit ändert sich die Qualität des Denkens und des Bewußtseins radikal. Die Intelligenz vertreibt die Finsternis im Bewußtsein (Krishnamurti 1991: 127). Konflikte werden gelöst, da die Intelligenz die richtige Wahrnehmung der Bewußtseinsinhalte ermöglicht. Das führt zu Harmonie im Bewußtsein und Denken. Einzig Intelligenz oder Einsicht machen das Erleben der Wahrheit möglich. Der Gedanke, der diese Wahrheit erfaßt, ist ein harmonischer Gedanke, und das Denken solcher Wahrheiten ist das richtige Denken oder, wie Krishnamurti auch sagt, das rationale Denken: Richtiges Denken ist das Denken, dessen sich die Intelligenz bedient (Krishnamurti 1990: 519). Erst durch das Wirken der Intelligenz gewinnt das Denken an Bedeutung und sind die Gedanken sinnvoll.

So hat das Denken, der materielle Prozeß oder die Materie keine Wirkung auf die Intelligenz, aber die Intelligenz übt radikalen Einfluß auf das Denken aus. »Res cogitans« scheint auf »res extensa« Einfluß auszuüben. Das wäre für einen Philosophen unakzeptabel. In einem Gespräch mit Krishnamurti löst David Bohm diesen Widerspruch mit Hilfe einer Analogie zum »unbewegten Beweger« (Gott) von Aristoteles (Krishnamurti 1991: 121).

Krishnamurti nennt diese Intelligenz auch die reine Energie, die die Gehirnzellen verändert. Die Erweckung der Energie ist somit die Entstehung des neuen Menschen. Wie die Entkonditionierung geschieht auch die Erweckung der Intelligenz blitzartig, in einem Augenblick. Graduelles Training oder Ausbildungen dafür gibt es nicht.

§ 47 Gotteserfahrung

Angesichts der ablehnenden Haltung Krishnamurtis den Religionen gegenüber stellt sich die Frage: Hat Gott einen Platz in seiner Philosophie? Was bedeutet Gott für ihn?

Gott und der Weg zu Gott bilden den Kern jeder Religion. Die religiösen Zeremonien und ihre ethischen Gebote und Verbote hängen davon ab. Ich bete, meditiere, um Gott zu erfahren; ich darf nicht »falsch« handeln, weil das meinen Weg zu Gott erschwert oder verschließt. Krishnamurtis kategorische Ablehnung von Religion und Esoterik mit dem Argument, sie konditionierten das Bewußtsein und hingen wie Scheuklappen vor den Augen, wirft viele Fragen auf. Da Krishnamurti diese Systeme nur in Frage stellt und zunächst keine Alternative zeigt, wirkt seine Lehre irritierend und abschreckend. Die Menschen, die in Religionen oder esoterischen Praktiken Halt und geistigen Frieden gefunden haben, sehen keine Perspektive mehr. Ein verzweifelter Besucher rief einmal aus: »Oh Himmel, Sie nehmen uns bestimmt alles weg. Wenn Sie uns alles wegnehmen, was bleibt uns übrig? Nichts!« (Krishnamurti 1984d: 70)

Der Hinduismus und einige Schulen der indischen Philosophie betrachten Gott als Schöpfer des Menschen und der Welt (Dasgupta 1988 Bd. 3: 412). Im Christentum heißt es, Gott habe den Menschen nach seinem Bilde erschaffen. Krishnamurti entgegnet, dieser Gott, der so einen miserablen Menschen erschaffen habe, müsse ein miserabler Gott sein. So ein Gott könne nur die Erfindung des Menschen sein: »Ich weiß, daß Sie alle an Gott glauben, aber Sie haben dieses Wesen erfunden. Sollte Gott existieren und er *uns* erschaffen haben, was für ein miserabler Gott muß er sein« (Krishnamurti 1984b: 7). In einem Gespräch sagte er sogar: »Ich lehne das Wort ›Gott‹ ab« (Krishnamurti 1985: 261).

Das Wort »Gott«, womit sich alle Religionen und Gläubigen beschäftigen, um welches sie Institutionen und Bibliotheken aufgebaut haben, ist nicht der Gegenstand – ist nicht Gott. Es ist nur ein Wort oder Begriff. Wie entsteht er? Krishnamurti untersucht zunächst diese Frage.

Die Menschheit hat nach Krishnamurti äußerlich gesehen große materielle Fortschritte gemacht. Aus dem Ochsenkarren hat sich die Rakete entwickelt. Der Mensch kann heute eine Reise zur Venus planen. Wenn man aber seine innere Kultur betrachtet, so ist er heute derselbe Barbar, der er vor Millionen von Jahren gewesen ist. Nur seine äußeren Bedingungen sind anders. Damals wie heute herrschen überall in der Welt Eifersucht, Angst, Gewalt, Brutalität, Ehrgeiz, Konkurrenz, Haß, Kriege, Unsicherheit, Armut, Leid, Trauer. Diesen chaotischen Zustand finden wir im Bewußtsein des Menschen wieder. Der Mensch sieht, daß das Chaos mit seinem Bemühen oder Denken nicht zu beseitigen ist. Daraus ergibt sich das Verlangen nach einer Instanz, die im Bewußtsein und in der Welt die Unordnung löst und Ordnung herstellt. Diese Instanz wäre eigentlich die Intelligenz, welche Harmonie entstehen läßt. Die Menschen aber haben bereits dem Denken den allerhöchsten Platz im Leben eingeräumt. Daher konnten sie die Intelligenz nicht aktiv werden lassen. Statt dessen haben haben sie »Gott« erfunden und sich vorgestellt, daß er durch sie wirke und Harmonie herstelle (Krishnamurti 1990: 525). Das Denken hat den Begriff »Gott« hervorgebracht, und mit der Zeit gesellten sich zu diesem Begriff die Bezeichnungen für verschiedene Götter der unterschiedlichen Religionen. So ist das Wort nicht dasselbe wie Gott.

Pupul Jayakar hat Krishnamurti in einem Gespräch des Materialismus bezichtigt und ihn nach seiner Ansicht über Gott gefragt. Krishnamurti antwortete, er halte nichts für wahr, worauf man nicht mit dem Finger deuten und was man nicht unmittelbar erleben (wahrnehmen) könne. Es war eine Ansicht der altindischen Materialisten, Lokayatas oder Carwakas, daß nur das wahr ist, was man mit den Sinnesorganen wahrnehmen kann. Für Krishnamurti bedeutet Wahrnehmung oder Erfahrung jedoch nicht nur die Sinneserfahrung, sondern eine ganzheitliche Erfahrung, die zum Erkennen von Wahrheit führt (vgl. § 42). Die Existenz dessen, was wir mit bestimmten Wörtern oder Begriffen benennen, muß in dieser Form von Erfahrung bewiesen werden. Danach fragt Krishnamurti. Ein Materialist würde die Existenz der Kundalini-Kraft nicht für wahr halten, für Krishnamurti ist sie eine Erfahrung und damit eine Gegebenheit. Pupul Jayakars Unterstellung ist also nicht haltbar. Aus der Ablehnung des Begriffs »Gott« können wir nicht folgern, daß Krishnamurti ein Materialist oder Atheist war. Die Frage in diesem Zusammenhang muß lauten: Mit welchem Instrumentarium sollen wir Gott beobachten?

Wie wir gesehen haben, bezweifelt Krishnamurti, daß das Denken den wahren Zugang zu Gott erschließen kann, da es sich lediglich – aus einer Situation des Mangels heraus – ein Bild von ihm macht: Das Denken, das Ich, erkennt seine Unvollkommenheit und erfährt, daß es bei der Bewältigung seiner Probleme immer an seine Grenzen stößt. Daher erfindet es das Unbegrenzte, Gott.

In Krishnamurtis Erklärung, unsere Auffassung von Gott entspringe unserem Denken, könnten wir einen Anklang an die Gottesbeweise der Scholastiker und Descartes' sehen, wobei sich Krishnamurti jedoch nicht explizit mit deren Thesen auseinandersetzt. Für Krishnamurti ist der Gottesbegriff allerdings lediglich Beweis für einen Mangel des menschlichen Denkens, während die Scholastiker und Descartes ihn als Beweis für die Existenz Gottes werten. Sie behaupten, daß ein unvollkommenes Wesen wie der Mensch auf ein vollkommenes Wesen verweist, eine beschränkte, endliche Seele auf eine unbeschränkte, unendliche Seele (Gott). Descartes geht in diesem Gedankenspiel noch weiter. Schon die Tatsache, daß ich in meinem Bewußtsein die Idee eines unendlichen Wesens (Gottes) habe, sei Beweis für seine Existenz. Nur ein unendliches Wesen könne, so Descartes, diese Idee in mein Bewußtsein eingeprägt haben (Thilly 1986: 305). Es ist sonderbar, daß diese Argumente den Namen »Beweise« tragen. Sie wurden in der Geschichte der Philosophie durch Gegenargumente angegriffen und wieder mit neuen Argumenten verteidigt – Zug um Zug, wie bei einem Schachspiel. Auffallend ist dabei, daß sich die Befürworter dieser Gottesbeweise nicht auf ihre »Gotteserfahrung« beziehen. Ein Mystiker hätte das getan und nicht soviel gedacht und argumentiert.

Krishnamurti zufolge gilt: Da Gott nur ein Gedanke ist, liegt er im Bereich der Zeit. Das Denken kann zwar Gott erfinden, es kann aber eigene Grenzen nicht überwinden. Solange das Denken aktiv ist, bleibt es das Instrumentarium der Beobachtung, und der Denker sieht, daß er seine Grenzen nicht überschreiten kann. Erst wenn das Denken aufhört, »fängt eine ganz neue Art der Beobachtung an« (Krishnamurti 1982: 254). Das geschieht aber nicht, solange lediglich das *Ich* die Grenzen des Denkens erkennt. Nach Krishnamurti ist es nicht dasselbe, ob der Denker oder das Denken seine Grenzen sieht. Wenn das Denken selbst sieht, daß es nur in einem begrenzten Bereich funktionieren kann, daß es über diesen Bereich nicht hinausgehen kann, dann wird es absolut beruhigt. Erst dann ist es möglich, die Gottesfrage zu untersuchen.

Das Aufhören des Denkens führt zur absoluten Stille im Bewußtsein. In diesem Bereich der Stille befindet sich »Das«, wie Krishnamurti, der den Begriff Gott nicht verwenden will, die Gotteserfahrung nennt. Auch die Sucher in Altindien, die die vedischen Rituale verwarfen und über den Ursprung der Welt und des Menschen in der Waldeinsamkeit philosophierten, nannten Gott einfach »tat« (das) und hielten ihn für unbestimmbar. Sie meinten, jede Bestimmung sei eine gedankliche Beschränkung dessen, was mit dem Denken nicht zu erfassen ist. Neben »Das« gibt es bei Krishnamurti auch die Bezeichnungen »die Gnade«, »Segnung«, »das Immense«, »die Intensität«, »das Unermeßliche«, »Ekstase«.

Das Aufhören des Denkens und die Stille im Bewußtsein sind nichts als die Entkonditionierung und ihre Folgen. So könnte man die Entkonditionierung als eine mögliche Voraussetzung für die Gotteserfahrung betrachten. Nun ist Krishnamurtis Philosophie eine voraussetzungslose Philosophie. Selbst wenn gewisse Aussagen wie Voraussetzungen erscheinen, so sind sie keine, da man das Ergebnis (die Gotteserfahrung) nicht auf der Basis von Ursache und Wirkung »feststellen« kann. Das Ursache-Wirkung-Prinzip ist eine vom Denken gesteuerte Sichtweise, mit der wir Ereignisse betrachten. Dagegen werden mit der Entkonditionierung das Denken und die Zeit transzendiert. Die Ergebnisse der Entkonditionierung wie Erweckung der Energie, Intelligenz oder Gotteserfahrung befinden sich nicht in dem Feld der Zeit, und deshalb kann man sie auch nicht als Folge oder Konsequenz einer Ursache erklären. Diese Erfahrungen sind zeitlos. Nur ein zeitlicher Gegenstand kann eine Ursache haben.

So hat der entkonditionierte Mensch, auch Krishnamurti selbst, keinerlei Einfluß auf die Gotteserfahrung. Sie beeinflussen zu wollen, auf eigenen Wunsch herbeirufen zu wollen, würde bedeuten, daß wir sie in die Zeit hereinziehen möchten. Das ist ein Widerspruch. Daher schreibt Krishnamurti in seinem *Note Book* über die Erfahrung des »Das«: »Den Wunsch nach ihrer Verlängerung, irgendeine Enttäuschung, wenn sie nicht fortdauert, gibt es nicht. Sie ist einfach da, ob man sie haben möchte oder nicht. Sie ist jenseits aller Rationalität und allen Denkens« (Krishnamurti 1982b: 12). »Jede Formulierung und alle Worte über sie scheinen vergeblich zu sein; Wörter, wie akkurat sie auch sein mögen, die Beschreibung, selbst wenn sie sehr klar ist, vermittelt nicht die eigentliche Sache« (Krishnamurti 1982b: 14). In der Stille des Körpers und des Bewußtseins wird man von der Erfahrung überwältigt, sie erfüllt das Zimmer, überflutet die Berge, die Gewässer und umspannt die ganze Erde.

Wenn dieses Heilige plötzlich auf Krishnamurti herabstieg, zum Beispiel bei einem Spaziergang, fühlten es auch seine Begleiter. Manchmal spürten sie es in seiner Anwesenheit in Gesprächen. Diese Segnung haben seine Zuhörer in seinen Vorträgen erlebt. Wenn man sich heute die Videoaufnahmen dieser Vorträge anschaut, sieht man, daß Krishnamurti oft nur in Ekstase gesprochen hat. Häufig erlebte Krishnamurti diese Segnung im Schlaf, und er stand nachts in Ekstase auf. Wenn er sich mit Menschen traf, die unreif waren, hatte er bei dieser Erfahrung das Gefühl, als hinge er zwischen zwei Welten. Das Unbekannte, Immense war schwer zu beschreiben. Krishnamurti beklagte sich oft über die Unzulänglichkeit der Sprache.

Unter welchen Umständen diese Erfahrung zustande kommt, kann man nicht erklären. Aber auf einige Dinge weist Krishnamurti hin:

– Man muß dem Erscheinen und Vergehen der Erfahrung gegenüber völlig gleichgültig sein.
– Es darf nicht der Wunsch bestehen, die Erfahrung zu verlängern oder sie im Gedächtnis zu behalten.
– Der Körper muß empfindsam, aber auch genügsam sein.
– Selbstkritischer Humor ist gefragt.

Obwohl diese Faktoren eine Rolle zu spielen scheinen, kann man sich von ihnen nicht viel versprechen. Krishnamurti sagt: »Etwas ganz anderes ist erforderlich, oder nichts ist erforderlich« (Krishnamurti 1982b: 31).

7. Aufblühen in der Güte

»Eltern sind die gefährlichsten Menschen! Sie ver-
nichten ihre Kinder, weil sie ungebildet sind.«
(Krishnamurti 1990: 438)

Die Entkonditionierung des Bewußtseins hat ihre Wirkung
nicht nur auf einzelne Menschen. Das entkonditionierte
Bewußtsein führt nicht nur zum Göttlichen, sondern beeinflußt auch die zwischenmenschlichen Beziehungen und
durch sie die ganze Gesellschaft. Das ist die »innere Revolution«, die sich konsequenterweise in Krishnamurtis
Lehre einstellt. So enthält seine Lehre auch einen Aspekt
der Ethik, der auf die Kunst der Lebensführung verweist.
Um diesen Aspekt geht es in diesem Kapitel.

§ 48 Reformation und Revolution

Die innere Revolution verändert nicht nur radikal das
Selbstverständnis des Menschen. Sie verändert auch die
Welt und das Fundament der Gesellschaft. Sie erfüllt
eigentlich die Hoffnungen aller Utopien, wie die, Brot,
Wohnung und Kleider für alle Menschen zu haben und den
Weltfrieden herzustellen. Die Verwirklichung der inneren
Revolution unterscheidet sich aber von den Revolutionen
der Geschichte. Hier geht es weder um die Zerstörung der
bestehenden Strukturen noch um ihre Reform. Wenn bestehende Strukturen zerstört werden, nehmen neue, nicht
weniger problematische ihren Platz ein, wie die Geschichte
beweist.

Auch die Reform ist eine widersprüchliche Angelegen-
heit. Sie hat die bestehende Situation zum Ausgangspunkt
und will sie umgestalten oder ihr etwas Neues hinzufügen.
Im Grunde genommen ist sie lediglich die Veränderung
von etwas Bestehendem. So enthalten Reformen oder Re-

volutionen in sich das Alte, da sie auf etwas Vergangenes reagieren. Eine Reaktion ist keine neue Handlung. Wenn die Revolution in jeder Hinsicht neu sein soll, wie es Krishnamurti vorschwebt, so muß sie aus Handlungen bestehen, die nicht aus der Vergangenheit stammen.

Krishnamurtis Kritik an Reformen und geschichtlichen Revolutionen besteht darin, daß sie dem fragmentierten Denken entspringen und als solche nur zu Konflikten und Trauer führen. Einer Reform liegt eine Idee zugrunde. Die Idee ist ein Gedanke, der erstens auf vergangenen Erfahrungen basiert und zweitens mechanistisch, das heißt, nach einem sich wiederholenden Muster (Gedankenschema) entwickelt wird (Krishnamurti 1990b: 54). Durch die »Brille« dieser Idee werden die Menschen betrachtet, deren Lebenssituation geändert werden soll. Ein unmittelbarer Zugang zu den Menschen und ihren gegenwärtigen Problemen ist aber so nicht möglich. Das Bewußtsein des Revolutionärs kann die Wahrheit in allen ihren Aspekten gedanklich nicht erfassen. Doch selbst wenn Revolutionäre oder Reformatoren das erkennen, halten sie an ihren Ideen fest. Sie versuchen die Menschen ihren Ideen anzugleichen. Das führt zu Isolierung, Konflikten und Trauer.

So sind die reformerischen oder revolutionären Handlungen fragmentiert und nicht ganzheitlich. Da sie nicht sofort, sondern irgendwann, später, verwirklicht werden, stehen sie in der Spannung der Zeit. Krishnamurti fragt, ob es eine Handlung gäbe, die nicht zu Isolierung, Fragmentierung, Konflikten und Trauer führt. Und weiter: »Gibt es eine Handlung, die eine Bewegung aus der Zeit hinaus ist?« (Krishnamurti 1982a: 44) Die Kunst der Lebensführung wäre, in diese Handlung Einsicht zu gewinnen.

Nur eine Handlung, die aus der höchsten Achtsamkeit des Bewußtseins stammt, kann der Situation und den Menschen gerecht werden. Sie sucht nicht nach Belohnung, fürchtet sich nicht vor Bestrafung. Sie hat keine andere Motivation, als daß sie eine richtige Handlung ist, die vollzogen werden muß. Diese ganzheitlichen Handlungen kann man nicht durch Übungen erlernen, wie man eine Sprache erlernt. Übungen sind Technik, und eine Handlung, die aus einer Technik oder Übung hervorgeht, ist mechanistisch und daher oberflächlich. Ganzheitliche Handlungen sind dagegen eine Folge der Einsicht in den Menschen und seine Situation. Die Frage darf also nicht lauten: Wie erlerne ich diese Handlungen?, sondern: Wie kann ich die Einsicht erwecken? Einsicht oder Intelligenz ist eine Folge der Reinigung des Bewußtseins von Ich, Zeit und Denken (vgl. § 46). Die absolute Reinigung des Bewußtseins ist demnach die »innere Revolution«, und die ganzheitlichen Handlungen sind, äußerlich gesehen, ihre Folgen.

Die ganzheitliche Handlung hat keine Motivation, sie ist sozusagen das Mittel und der Zweck zugleich. Wie kann sie die Probleme der Menschen lösen? Um das zu verstehen, müssen wir uns die Gedanken anschauen, die der Grund unserer Handlungen sind.

Wir denken und handeln. Dieses Denken ist Kalkül. Jemand hat mich zum Beispiel verletzt. Ich möchte ihn auch verletzen. Ich befürchte, daß er mich verletzen wird. Eine Verteidigungshaltung bestimmt meine Handlung. Oder jemand war nett zu mir. Ich möchte auch nett zu ihm sein. Alle diese Handlungen sind bedingt durch vorhergegangene Handlungen oder Erfahrungen. Oder ich suche nach Sicherheit im Leben und in Beziehungen. So identifiziere ich mich mit einer Religion, Nation, Kaste, Familie oder einem Berufsstand. Diese Identifizierung geschieht durch das Denken. Das Denken erzeugt letzten Endes das Bild, das wir von uns und anderen haben. Es teilt uns von den anderen und die anderen von uns. Das ist die psychologische Dualität (s. § 26). Das Denken fragmentiert den Menschen und ist auch selbst fragmentiert, weil es nur in diesen Kategorien funktioniert. Eine Handlung, die von solchem Denken gelenkt wird, ist ebenfalls fragmentiert, nie ganzheitlich. Die gesuchte Sicherheit wird sich nie einstellen.

Wegen der Suche nach Sicherheit und aus Angst scheinen wir zu denken. Wenn Angst unsere Handlungen bestimmt, gilt es, ihre Ursache zu verstehen.

Es gibt zahllose Beispiele für Angst: Angst vor dem Verlust der Beziehungen, der Arbeit, der Gesundheit und so weiter. In all diesen Befürchtungen erkennen wir das Wesen der Angst. Wir befürchten, daß sich eine unglückliche Erfahrung aus der Vergangenheit wiederholen kann oder daß sich eine glückliche Erfahrung, die wir gerne wieder erleben möchten, nicht wiederholt. Gedanklich versuchen wir, das Unglück, die Unlust zu vermeiden oder die vergängliche Lust festzuhalten, was Angst erzeugt und sie nährt. Lust und Unlust sind zwei Seiten einer Medaille. Wer nach Lust sucht, wird unweigerlich auch Unlust oder Unglück erleben (Krishnamurti 1984e: 67).

Ein zweiter Aspekt ist, daß Angst eine Bewegung weg von der Tatsache ist, die sich im »Jetzt« befindet. Sie ist immer eine Flucht, ein Ausweichen oder Vermeiden dessen, was vor uns liegt. Der Tatsache wird nicht die ungeteilte Aufmerksamkeit geschenkt – das Denken greift ein.

Denken ist Zeit. So liegt in der Zeit die Wurzel der Angst (Krishnamurti 1995: 78).

Wir wollen Angst vermeiden und suchen Sicherheit. Aber unsere Vermeidungsstrategien beziehen sich nur auf die einzelnen Fälle der Angst. Wir überwinden damit nicht die Struktur der Angst, die aus Denken und Zeit besteht. Krishnamurti sagt: Durch richtige Beobachtung kann die Angst in ihrer Gesamtheit überwunden werden. Die richtige Beobachtung findet nur in Abwesenheit des Beobachters statt, denn der Beobachter oder das Ich ist die Vergangenheit mit allen Erinnerungen und Kenntnissen. Wenn man die Angst ohne den Beobachter beobachtet, verschwindet sie ein für allemal.

§ 50 Sicherheit

Die Sicherheit, die wir in Nation, Kultur, Religion, Tradition, Beruf, Stamm und so weiter zu finden glauben, führt nur dazu, daß wir uns mit diesen Begriffen und ihren Inhalten identifizieren, uns konditionieren und unsere Freiheit verlieren. Die Trennung der Welt in verschiedene Kategorien erzeugt Spannungen, Konflikte, Kriege. Die Suche nach Sicherheit erzeugt eigentlich das Gegenteil, die Unsicherheit. So ist sie eine falsch verstandene Sicherheit. Worin besteht aber die richtige Sicherheit?

Wenn man versteht, daß die bisherigen Versuche, Sicherheit zu erlangen, diese nicht gewährleistet haben, daß die Fragmentierung der Menschen nur Unsicherheit gestiftet hat, dann muß man aus der Fragmentierung und Konditionierung hinaustreten. Ich bin kein Hindu mehr, kein Deutscher oder sonst jemand. Doch wenn man aus diesen Schienen hinaustritt, steht man dann nicht allein, isoliert dem Nichts gegenüber? Krishnamurti meint, zwar stehe der Mensch allein, aber er sei nicht isoliert. Im Alleinsein bestünde die eigentliche, richtige Sicherheit (Krishnamurti 1990a: 64). Diese Ansicht Krishnamurtis ist auf den ersten Blick befremdlich. Wir müssen aber bedenken, daß dieses Alleinsein nicht durch ein äußerliches Abstandnehmen zustande kommt. Wenn ich aus einer Religion austrete, aber weiterhin von ihr konditioniert bleibe, so ist der Austritt nur ein äußerliches Ereignis. Wenn ich dagegen die Religion als ein Produkt des Denkens, das zur Teilung und zu Konflikten führt, erkenne und mich auch innerlich davon befreie, dann stehe ich zwar allein, aber nicht isoliert. Ich verliere gesellschaftliches Ansehen, Freunde und die Vorteile, die ich durch sie genossen habe. Ich unterliege aber keinen Illusionen mehr. Meine Handlungen sind nicht konditioniert, sondern sie sind Folgen der Einsicht in die jetzige Situation. Diese Einsicht, die die Intelligenz ist, gewährleistet die eigentliche Sicherheit.

Diese Sicherheit kann man als psychologische Sicherheit bezeichnen. Aber wir brauchen Sicherheit nicht nur auf der psychologischen, sondern auch auf der biologischen Ebene. Wir haben ja materielle Bedürfnisse. Sind wir auch in dieser Hinsicht sicher? In einem Gespräch zwischen Krishnamurti und David Bohm wird eine interessante Erklärung gegeben (Krishnamurti 1995: 39–43): Sicherheit gibt es nicht, wo das Denken tätig ist, sei es im Bewußtsein oder in der Welt der Realität, die das Denken konstruiert. Wenn das Denken aufhört, sehe ich mich nicht mehr als Angehörigen einer Nation, Religion und so weiter. Verschwindet diese Konditionierung, dann ändert sich die Realität, das heißt die Welt, wie sie mir erscheint. Ich teile sie nicht mehr und erzeuge keine Konflikte. Wenn ich mich in mir absolut sicher fühle, dann entstammen meine Handlungen der Intelligenz. Da sie aus der absoluten Sicherheit hervorgehen, sind sie die richtigen Handlungen. Um seine materiellen Bedürfnisse zu befriedigen, muß der Mensch in der Welt arbeiten. Die Entkonditionierung ist kein Plädoyer für Faulheit oder Trägheit.

§ 51 Liebe

Vielen Beziehungen lassen wir die Bezeichnung »Liebe« zukommen. Unverdientermaßen, wie Krishnamurti sagt. Meistens meinen wir mit Liebe Sex, Abwechslung, einen Ausweg aus unserer Einsamkeit oder der Sinnlosigkeit des Lebens. Wir halten einer Person die Hand, gehen mit ihr ins Bett und sagen zu ihr »Ich liebe dich«. Krishnamurti widerspricht: All das ist keine Liebe. Selbst wenn ein Mann und eine Frau jahrelang zusammenleben, kennen sie sich nicht. Jeder macht sich ein Bild vom anderen, und wenn er dem anderen begegnet, begegnet er eigentlich diesem Bild mit allen Vorurteilen und Vorkenntnissen. In jeder Begegnung wird bewußt oder unbewußt versucht, dieses Bild zu bekräftigen und zu bestätigen. Die Bestätigung des Bildes ist die große unausgesprochene Bedingung für das Fließen der Liebe. Den Menschen hinter dem Bild, der kein toter Gegenstand ist, der sich verändert, weil er lebt, kennen wir eigentlich nicht. Wir möchten ihn auch nicht kennenlernen. Solch eine über das Bild vermittelte Beziehung wird vom Denken gelenkt. Nichts Spontanes ist dabei. Eine Liebe, die Vorstellungen und Bedingungen entsprechen muß und Angst vor der Abweichung von diesen Vorstellungen hat, ist keine Liebe. Liebe und Angst widersprechen sich. Liebe und Bedingungen widersprechen sich. Ein Mensch, der sich selbst und sein Leben ernst nimmt, fragt nach der wahren Liebe.

Wahre Liebe wie auch wahre Freude haben nichts mit dem Denken zu tun. Wenn wir über die Freude nachdenken, verschwindet sie; wir können sie mit dem Denken nicht erzwingen. Versuchen wir es, hört sie auf, Freude zu sein. Ähnlich verhält es sich auch mit der Liebe. Man kann sie mit Gedanken nicht steuern, in Bildern nicht festhalten. Spontaneität kennzeichnet sie. Die Spontaneität ist erst dann da, wenn das Denken als eine Bewegung der Vergangenheit aufhört, wenn im Bewußtsein das Ego nicht mehr waltet, das heißt, wenn das Bewußtsein absolut entkonditioniert wird. Dann lenkt das Denken nicht mehr die Liebe ab. Es gibt kein Bild von mir und auch nicht mehr vom anderen. Ich kann dem anderen meine ganze Aufmerksamkeit schenken.

Nur aus der Entkonditionierung geht die wahre Liebe hervor. Wer die Grenzen seines Ichs sprengen und die Angst ohne Beobachter beobachten und damit überwinden kann, ist absolut frei. Ein Mensch ohne Ängste und mit absoluter Freiheit allein ist fähig zur wahren Liebe. Diese Liebe, die im Zuge der Entkonditionierung erweckt wird, ist nach Krishnamurti Güte und Barmherzigkeit. Sie ist die eigentliche Kraft, die die Trennung zwischen den Menschen aufhebt und einen unmittelbaren Kontakt ermöglicht. So ist auch eine Bemerkung Krishnamurtis einem

Analytiker gegenüber zu verstehen. In einem Gespräch fragte der Analytiker fälschlicherweise nach einer Technik zur Lösung der zwischenmenschlichen Probleme. Krishnamurti verwies zunächst darauf, daß es eine solche Technik nicht gebe, sagte aber zum Schluß, die Lösung sei die Liebe (Krishnamurti 1984c: 171).

Wird sie einmal erweckt, braucht man sich keine Sorgen mehr darüber zu machen, ob eine Handlung richtig oder falsch ist. Es gibt nur noch die Handlung. In Liebe kann der Mensch niemanden verletzen: »Ein Bewußtsein ohne Angst ist fähig zur großen Liebe. Wenn in ihm die Liebe vorhanden ist, dann kann es tun, was es will« (Krishnamurti 1984a: 19).

Die Wirkung der Entkonditionierung mit der Überwindung der Ängste und der Erweckung von Intelligenz, Liebe und Güte beeinflußt die ganze Gesellschaft. Entkonditioniertes Bewußtsein ist Bewußtsein von der Welt. Daher sagt Krishnamurti: »Wenn Sie von der Angst absolut befreit sind, beeinflussen Sie das Bewußtsein der Welt« (Krishnamurti 1995: 82). Aus dieser Anschauung heraus konnte Krishnamurti in einem Gespräch behaupten, daß eine Mindestzahl von zehn entkonditionierten Menschen eine ganz andersartige Revolution herbeiführen könne (Krishnamurti 1982a: 166).

Liebe und Güte, die auf diese Art erweckt wurden, sind die einzigen Tugenden, die es gibt. Alle anderen »Tugenden« wie Tierliebe, Nächstenliebe, Gewaltlosigkeit sind Zeichen von Mittelmäßigkeit. Beim näheren Hinschauen entpuppen sie sich als bloße Konstrukte des Denkens. Wenn wir uns als arrogant empfinden, versuchen wir, das Gegenteil, die Bescheidenheit zu kultivieren; wenn wir in uns Gewalt sehen, versuchen wir Gewaltlosigkeit zu praktizieren. Bescheidenheit und Gewaltlosigkeit sind nur die gegenteiligen Ideen von Arroganz und Gewalt und somit keine echten Tugenden. Es nützt nichts, sich Gewaltlosigkeit zum Ziel zu setzen und sie durch Übung erreichen zu wollen. In dieser Art von »Gewaltlosigkeit« ist die Gewalt immer noch vorhanden. Wir können die Welt nicht in Kategorien teilen, die zu Konflikten führen, und zugleich Nächstenliebe und Gewaltlosigkeit predigen. Teilung führt zu Konflikten. Die Aufhebung der Teilung muß der erste Schritt sein.

Die Politiker, die Religionsstifter, wir alle haben die Welt an den Rand der Vernichtung getrieben. Wir brauchen Menschen voll wahrer Liebe und Güte. Diese Liebe muß zum Fundament der Gesellschaft werden.

Diese wahre Liebe hat nichts mit der Liebe zwischen Mann und Frau zu tun. Daraus ist aber nicht abzuleiten, daß Krishnamurti gegen die Sexualität sei. Sexualität ist für ihn kein Laster, das, wie strenge religiöse Traditionen oder Yōga es verlangen, überwunden werden muß, sondern ein natürlicher, schöner Instinkt. In einem Vortrag sagte er zum Beispiel über die Enthaltsamkeit orthodox religiöser Männer: »Indem sie aber die Sexualität ablehnen, nehmen sie ihre Augen heraus, schneiden sich ihre Zunge ab, da sie die ganze Schönheit der Erde ablehnen« (Krishnamurti 1984a: 80).

Und Rajesh Dalal, einem jungen Lehrer in einer Krishnamurti-Schule in Indien, riet er: »Sex ist wie eine zarte Blume, eine intensive Flamme, sanft und rar. Er muß gepflegt und bewahrt werden... ihn mit Gewalt zu unterdrücken hieße, etwas zu zerstören, das zart und intensiv schön ist« (Jayakar 1988: 317).

§ 52 Die Bewegung des Lebens ist Lernen

In einem Gespräch mit Prof. A. W. Anderson meint Krishnamurti, daß wir Menschen bräuchten, die in der Güte aufblühen. Wir müßten solche Menschen hervorbringen, sonst ginge die Welt zugrunde (Krishnamurti 1991a: 81). Das war immer Krishnamurtis Ansicht, und zu diesem Zweck gründete er seine Schulen (vgl. § 10). Seine Auffassung vom Lernen, Unterrichten und von der Erziehung unterscheidet sich grundlegend vom gängigen Verständnis.

Gewöhnlich verstehen wir unter dem Begriff »Lernen« das Aufnehmen und Einpauken von Kenntnissen. So lernen Kinder in den Schulen Mathematik, Geographie, Geschichte und andere Fächer. Später an den Universitäten wird ausschließlich ein Stoffgebiet studiert. Demzufolge haben wir viele Spezialisten, die von anderen Bereichen nichts verstehen, vom Leben ganz zu schweigen. Jeder lebt in seiner »Sonderwelt«, wie Husserl sie nennen würde, die aus seinen Fachkenntnissen besteht. Die Lehrer sehen ihre Aufgabe darin, ihre Kenntnisse weiterzuvermitteln.

Das Aufnehmen und Einpauken von Kenntnissen ist nach Krishnamurti nicht das eigentliche Lernen. Ein so (miß)verstandenes Lernen dient nur dem Erwerb und der Anhäufung von Wissen. Hier unterscheidet Krishnamurti »etwas wissen« von »etwas lernen« – »etwas wissen« liegt immer in der Vergangenheit, »etwas lernen« dagegen in der aktiven Gegenwart. Wenn das Bewußtsein voller Informationen ist, kann es nichts Neues lernen. Lernen ist erst dann möglich, wenn das Bewußtsein völlig gereinigt wird. So ist Lernen ein Prozeß der Reinigung (Krishnamurti 1984a: 72–73, auch Krishnamurti 1984d: 247). Das gereinigte Bewußtsein ist fähig, seine ganze Aufmerksamkeit auf den Gegenstand zu richten. Diese Art von Lernen ist vor allem für das Verständnis der Lebensfragen sehr wichtig. Krishnamurti nennt es auch den Tod – eben das Sterben gegenüber der Vergangenheit, dem Denken, dem Ich.

Die Reinigung des Bewußtseins sorgt für die absolute Freiheit des Menschen. Und nur freie Menschen sind zur wahren Liebe fähig.

Entsprechend anders sind Krishnamurtis Vorstellungen von Unterricht und Erziehung. Die herkömmliche Erziehung richtet sich auf die Vermittlung von Kenntnissen. Das Kind, der Mensch steht im Hintergrund. Die Kenntnisse werden nicht in den gesamten Menschen integriert, sie

174

fragmentieren ihn weiter. Durch das System von Prüfungen und Benotungen nötigt die herkömmliche Erziehung das Kind zur Anpassung, zu Konkurrenzdenken und Erfolgsstreben. Alle diese Eigenschaften führen zu Konflikten.

Schulen müssen nach Krishnamurti Stätten des Lernens sein, in denen sowohl die Kinder als auch der Lehrer lernen. Sie sollen beiden ermöglichen, das Bewußtsein zu entwickeln, also Selbsterkenntnis zu erlangen. So kommen dem Lehrer ganz andere Aufgaben zu. Er beschränkt sich nicht auf die Vermittlung von Kenntnissen, die Vorbereitung der Schüler auf Prüfungen oder darauf, sie für einen Beruf zu qualifizieren. Wie lautet also sein Auftrag?

Ein Lehrer fragte Krishnamurti, ob es nicht zu seinen Aufgaben gehöre, ein Vorbild für die Schüler zu sein. Krishnamurti verneinte und meinte, es gebe genug Vorbilder, Helden, Anführer. Vorbild zu sein sei keine Erziehungsmethode. Die Funktion des Lehrers läge darin, daß er die Schüler gerade von diesen befreie. Die Vorbilder erzeugten Angst, Konformismus und führten zu Konflikten (Krishnamurti 1988a: 139).

Derselbe Lehrer fragte Krishnamurti, ob es die Aufgabe des Lehrers sei, die Schüler zum besseren und edleren Leben zu führen. Krishnamurti verneinte auch das. Um die Schüler führen zu können, müsse der Lehrer es besser wissen. Aber sein ganzes Wissen habe er durch das Sieb der Konditionierung erworben. Seine Führung könne nur Konflikte schaffen. Seine eigentliche Aufgabe sei es, die Schüler von solchen Einflüssen zu befreien, ihnen dabei zu helfen, ihre Konditionierung zu verstehen. So meint er an einer anderen Stelle: »Selbsterkenntnis ist Erziehung. In der Erziehung gibt es weder den Lehrer noch das Gelehrte, es gibt nur das Lernen« (Krishnamurti 1984d: 46). Lernen ist, das Gegebene zu verstehen.

Die Erziehung muß ganzheitliche, integrierte Menschen hervorbringen. Auf die Frage eines Professors, wie man sich einen integrierten Mensch vorzustellen habe, beschreibt Krishnamurti diesen durch die Eigenschaften, die er nicht hat:

a) Er ist kein Konformist. b) Er hat keine Ängste. Bewußte oder unbewußte Ängste sind die Ursache des Konformismus. Angst in jeder Form verkrüppelt den Geist, zerstört die Empfindsamkeit, läßt die Sinne einschrumpfen (Krishnamurti 1989: 14). Ein integrierter Mensch ist frei von Angst. Dies besagt nicht, daß er nicht diszipliniert ist. Wahre Disziplin ist aber keine äußerliche Unterwerfung unter eine Autorität, sondern Ordnung im Bewußtsein und gesteigerte Aufmerksamkeit. c) Er ist frei von jeder Art des Konflikts. Zu diesen Eigenschaften, die der integrierte Mensch nicht besitzt, kann man eine positive Eigenschaft hinzufügen. Ein integrierter Mensch ist verantwortlich. Diese Verantwortung ist die überwältigende Liebe, die im Zuge der Erkenntnis ersteht, daß das Bewußtsein eines Menschen dasselbe ist wie das aller Menschen, das heißt der Welt. Die Aufgabe des Lehrers ist, sie zu wecken.

Das Erwachen der Liebe oder Güte folgt daraus, daß das Bewußtsein von Ich, Zeit und Denken gereinigt wird, daß das Denken aufhört. Das ist Entkonditionierung. Sie kann nur in der bewegungslosen Beobachtung des Bewußtseins und seiner Stille geschehen. Daher reduziert Krishnamurti die Definition des Lernens auf einen Satz: »Lernen ist reine Beobachtung« (Krishnamurti 1989: 21) – Beobachtung nicht nur der äußeren, sondern auch der inneren Welt; eine Beobachtung ohne den Beobachter. Oder, nach Krishnamurti: Meditation (s. § 49). In einem Brief an die Lehrer schreibt er: »Das Aufblühen der Güte ist die Freisetzung der gesamten Energie.« (Krishnamurti 1989: 62)

Die Schule muß dementsprechend ein Ort der Beobachtung, der Meditation sein, zu der der Lehrer fähig ist, um auch seinen Schülern dazu zu verhelfen. Hier geht es nicht um die Vorbereitung auf eine Karriere. Zwang, Nötigung oder Angst darf es dort nicht geben. Daher betont Krishnamurti die Bedeutung der Muße (engl. leisure) in seiner Auffassung von Erziehung. In seinen Schulen soll Muße walten. Erst wenn sie vorhanden ist, kann man lernen. Muße wird im allgemeinen als »eine Pause von der Arbeit« oder »nicht beschäftigt sein« definiert. Diese Erklärung genügt Krishnamurti nicht. Er meint, Muße sei Bewußtsein, das nicht beschäftigt ist, das heißt, still ist (Krishnamurti 1989: 23).

So hat Krishnamurtis Auffassung von Erziehung die Entkonditionierung zum Ziel. Seiner Ansicht nach kann man die Entkonditionierung nicht durch Technik, Übungen oder Willensentschluß erreichen. Aber ist seine Auffassung von Erziehung nicht genau in diesem Sinne zu verstehen? Stellt sie nicht einen Widerspruch in seiner Philosophie dar? Krishnamurti revidierte keine seiner Ansichten, wenn er sich in eine Ecke gedrängt fühlte oder sich dem Anschein nach in einer ausweglosen Situation befand. Er erläuterte seinen Gesprächspartnern die Logik seiner Ansichten, wodurch die »Widersprüche« sich aufklärten.

Die Frage, ob Krishnamurtis Auffassung von Erziehung ein Widerspruch in seiner Lehre ist, hat zwei Antworten.

a) In späten Gesprächen mit Lehrern seiner Schulen stellte sich Krishnamurti einer Frage: Wie kann die Intelligenz in den Schülern erweckt werden (Jayakar 1988: 385), und ist der Lehrer dazu fähig? Er beschäftigte sich auch mit dem Thema: Wie kann der Lehrer entkonditioniert werden? All diese Überlegungen drehen sich um die Frage, die Krishnamurti in einem Gespräch mit David Bohm erörtert hat: Kann jemand einen anderen Menschen entkonditionieren? Krishnamurti meinte, daß ein entkonditionierter Mensch, den er »X« nennt, die Fähigkeit habe, andere Menschen zu entkonditionieren. »X« hat grenzenlose Liebe, Intelligenz und Energie zur Verfügung. Seine Aufgabe im Leben ist es, anderen Menschen zu zeigen, daß sie in Finsternis leben (s. §31), und sie dazu zu bewegen, davon wegzukommen (Krishnamurti 1991: 165). Diese Aufgabe soll zum Beruf des »X« werden. Das ist nach Krishnamurti vertretbar. Die enorme Energie, die »X« zur Verfügung hat, die Wahrheit, die er spricht, wirkt wie Licht auf Finsternis und vertreibt die Konditionierung (Krishnamurti 1991: 146).

b) In einem Gespräch vergleicht Krishnamurti Wahrheit mit einem Samen. Wenn er gesät wird, muß er wachsen, etwas bewirken, er hat eigenes Leben (Krishnamurti 1995: 44). Ähnlich muß auch Krishnamurtis Lehre in das Bewußtsein der Menschen eingepflanzt werden. Die Menschen denken darüber nach, diskutieren und fragen sich: »Was meint er eigentlich?« Auch Unwahrheiten können eingepflanzt werden, und das führt zu Konflikten. Wenn die Menschen aber den Konflikten nicht ausweichen, haben sie die Energie, die Wahrheit zu erkennen. Erziehung in Krishnamurtis Schulen könnte die Wahrheit säen. Daher wird verständlich, daß Krishnamurti neben den Schulen »Studienzentren« einrichten wollte.

Krishnamurtis Auffassung von Erziehung stellt hohe Anforderungen ans Lernen und Unterrichten – aber das Lernen in seinem Sinn kann sich weder auf eine bestimmte Phase des Lebens wie die Kindheit oder Jugend noch auf die Räume einer Schule beschränken. Daher heißt es in einem Brief: »Die Bewegung des Lebens ist Lernen. Es gibt keinen Augenblick, in dem das Lernen nicht stattfindet« (Krishnamurti 1989: 22). Das Leben wie die Schulen sollen die Stätte der Entkonditionierung sein.

III. Vergleich

8. Tradition in der Revolution

*Krishnamurti im Vergleich
mit anderen philosophischen Entwürfen*

> »Philosophie bedeutet Liebe zur Wahrheit, nicht
> Liebe zu Wörtern, nicht Liebe zu Vorstellungen,
> nicht Liebe zu Spekulationen, sondern Liebe zur
> Wahrheit.«
>
> (Krishnamurti 1995: 60)

Krishnamurti hat nicht studiert, hat auch nach eigenen
Aussagen keine philosophischen Werke oder heiligen
Schriften gelesen (Krishnamurti 1982: 194). Seine gesamte
Lehre entstammt seinen eigenen Beobachtungen und Erfahrungen (Krishnamurti 1991a: 231). Zur Einzigartigkeit
seiner Lehre gehört, daß er sich nicht auf andere Philosophen bezieht. Er verbietet auch seinen Zuhörern, ihn zu
zitieren.

Dennoch – oder gerade deshalb – stellt sich die Frage:
Wie einmalig ist die Philosophie Krishnamurtis? Gibt es
Parallelen zu anderen Philosophen im Westen oder in Indien? Hier betreten wir das Gebiet der vergleichenden Philosophie. Da ausführliche Vergleiche den Rahmen dieses
Buches sprengen, wird im folgenden der Ansatz gemacht,
anhand einiger Grundgedanken die Lehre Krishnamurtis
mit verwandten philosophischen Theorien in Beziehung zu
setzen.

Angesichts der Vergangenheit Krishnamurtis und des Glaubens der T. G., daß er eine Inkarnation des Maitreya sei, liegt die Frage nahe: Gibt es Ähnlichkeiten zwischen Krishnamurtis Lehre und der Buddhas?

Das ist aus verschiedenen Gründen ein schwieriges Terrain. Buddha schrieb keine Bücher. Wir können nicht mit Genauigkeit das Wort Buddhas vom Buddhismus unterscheiden (Hiriyanna 1979: 134), wie er sich mit der Zeit entwickelt hat. Wenn wir davon ausgehen, daß der frühe Buddhismus dem Wort Buddhas am nächsten steht, so können wir folgende Ähnlichkeiten feststellen:

Dem frühen Buddhismus zufolge gibt es keine »Persönlichkeit«. Das Wort »Person« ist nur ein Etikett für die gesamten physischen und psychologischen Faktoren. Diese bestehen aus rupa, vijnana, vedana, samjna, samskara (Körper, Bewußtsein, Empfindung, Wahrnehmung, Geistesregung). Da in diesen Faktoren kein Ich zu erkennen ist, könnte man annehmen, der frühe Buddhismus hätte bei Krishnamurti Anklang finden können. Aber Buddha scheint die Existenz eines psychologischen Ichs, eines Ich-Gefühls anzunehmen. Er streitet lediglich ab, daß dieses Ich den Tod überlebt (Schuhmann 1994: 69). Krishnamurti leugnet die Existenz des Ichs an sich. Das Ich ist für ihn nur ein Gedanke.

Für Buddha ist das Bewußtsein einer der Faktoren, aus denen die Persönlichkeit besteht. Sie ist ebenso vergänglich wie der physische Faktor, der Körper. Das Bewußtsein überlebt den Tod nicht. Es überlebt auch nicht die Erlösung (Nirvana). Krishnamurti äußert sich kaum zur Frage der Wiedergeburt. Aber das Bewußtsein überlebt ihm zufolge die Entkonditionierung nicht nur, durch sie wird das Bewußtsein eins mit dem universalen Bewußtsein. Obwohl Krishnamurti es nicht ausdrücklich äußert, können wir uns nicht vorstellen, daß das universale Bewußtsein stirbt oder vergänglich ist. Krishnamurti sagt, daß in den tiefsten Schichten des Bewußtseins der Strom der Trauer vorhanden ist. Wenn diese Trauer nicht durch Entkonditionierung beendet wird, pflanzt sie sich in anderen Menschen in Form der Erzeugung von Bildern fort (Krishnamurti 1990a: 122–125). Hierin kann man eine der wenigen Stellen sehen, wo Krishnamurti zur Wiedergeburt eine Aussage macht.

Für Buddha besteht die Welt aus Trauer. Der Weg aus ihr heraus scheint ins Glück zu führen. Der Zustand der Erlösung wird mit positiven Eigenschaften wie Glück, Freude, Stille, Sicherheit beschrieben (Schuhmann 1994: 112). Dies wäre dem Zustand des entkonditionierten Bewußtseins sehr ähnlich. Den Weg dorthin muß man nach Buddha Schritt für Schritt durch den asthangika marga (achtgliedrigen Weg) erreichen. Bei Krishnamurti ist die Entkonditionierung nicht durch Übungen, Unterweisungen oder Willensentschluß zu erreichen.

Buddha macht Trauer und Leid zum Ausgangspunkt seiner Philosophie. Er erklärt nicht überzeugend, wie und warum sie entstehen. Auch für Krishnamurti ist es eine Tatsache, daß die Welt aus Trauer besteht, daß alle Menschen leiden. Krishnamurtis Erklärung zur Ursache von Trauer und Leid sind sehr akkurat und überzeugend. Er führt alles auf eine Ursache zurück: das Denken.

Ist das Leid bei Buddha gleich der Konditionierung bei Krishnamurti? Für beide ist Leid eine Tatsache. Doch Buddha zufolge sind Begierden die Ursache des Leids, während es nach Krishnamurti die Konditionierung ist. Während das Leid unweigerlich unsere Aufmerksamkeit auf sich zieht, bleibt die Konditionierung verborgen. Ihre Aufdeckung ist eine schwierige Aufgabe.

Auffallend ist bei beiden die Betonung von Barmherzigkeit und Liebe, wobei diese Haltungen nach Krishnamurti wieder nur Ergebnis der Entkonditionierung sein können. Trotz der Ähnlichkeiten unterscheidet sich Krishnamurtis Philosophie vom frühen Buddhismus durch das Fehlen einer Methode und Technik und durch ihre klaren Problemanalysen.

Aus dem Wort Buddhas entwickelten sich mit der Zeit verschiedene Schulen, und die Lehre verzweigte sich. Nach seinem Tod machten sich seine Schüler in Rajagriha daran, aus seiner Lehre den Kanon zu entwickeln. Ein Schüler, Purana, kam nach Rajagriha und weigerte sich, den Kanon anzunehmen. Er wollte lieber an dem Wort des Erhabenen festhalten, das er von ihm gelernt hatte (Hiriyanna 1979: 134). Ein Vergleich mit allen Schulen ist schwierig, vor allem, weil wir keine zeitgemäße, genaue Übersetzung der Schriften haben, die die neueren philosophischen Entwicklungen berücksichtigen. Daher kann der Vergleich nicht über die Ebene der Vermutung hinausgehen.

Buddhismus, Jainismus und Carwaka-Philosophie bilden den heterodoxen Teil der indischen Philosophie. Wie Pupul Jayakar Krishnamurtis Lehre mit Carwaka-Ansichten konfrontiert, haben wir bereits gesehen (s. § 47). Trotz einer gewissen positivistischen Einstellung ist Krishnamurti kein Materialist. Seine Auffassung von Erfahrung ist keine reine Sinneserfahrung, noch ist der Gegenstand der Erfahrung nur materiell. Ähnlichkeiten zum Jainismus sind nicht unmittelbar festzustellen.

Die orthodoxen Schulen der indischen Philosophie haben eine besondere Eigenschaft. Zur Begründung ihrer Thesen beruft sich jede Schule auf heilige Schriften wie zum Beispiel die Veden und besteht darauf, ihre Interpretation sei die richtige – auch dann, wenn sie eine eigene, neue These aufstellt (Rhadakrishnan 1957: XXIV). Dieses Vorgehen kennzeichnet die gesamte Entwicklung der Geistesgeschichte Indiens. Krishnamurti ist der einzige Philosoph, der die Autorität der heiligen Schriften zurückweist. Viele Denker des modernen Indien, die für Philosophen gehalten werden, wie Ramakrishna, Vivekananda, Aurobindo, Radhakrishnan und andere, sind nur Interpreten der orthodoxen indischen Philosophie. *Sie haben keine eigene Philosophie dargelegt.* Krishnamurti dagegen verkündete eine eigene Philosophie – eine eigene Erkenntnistheorie, Metaphysik und Ethik. So ist er der einzige eigentliche Philosoph, den Indien seit dem Spätmittelalter hervorgebracht hat.

Ein Vergleich mit den orthodoxen philosophischen Schulen Nyaya, Vaisesika, Sankhya und Mimamsa ist nicht sehr ergiebig. Die Einstellung Krishnamurtis zu Denken, Meditation, Stille, Ich, Bewußtsein und Dualität weist eher Entsprechungen zu Yōgadarśana (Yōga-Philosophie von Patañjali) und Śankaras Advaita-Vedānta (Nicht-Dualismus) auf.

§ 54 Die Yōga-Philosophie von Patañjali

In den Yōga-Sūtras von Patañjali findet man viele Vorstellungen Krishnamurtis wieder. Es ist erstaunlich, daß zwischen Patañjali (2. Jh. v. Chr.) und Krishnamurti Ähnlichkeiten bestehen.

Patañjali definiert Yōga als die Überwindung der Bewußtseinsmodifikationen (citta vṛtti) und nennt diese die richtigen und falschen Kenntnisse, Phantasie, Schlaf und Erinnerung (Taimini 1986: 7–14). Die Modifikation Phantasie (vikalpa) läßt sich auch als »Option, Vermutung, Ignoranz« übersetzen (Apte 1989: 849). Patanjali sieht die Wurzel der Trauer in diesen Bewußtseinsmodifikationen oder -zuständen. Wenn sie überwunden werden, ruht das Bewußtsein in seiner eigenen Natur. Die citta vṛttis entsprechen der Konditionierung bei Krishnamurti. Sie besteht für ihn ebenfalls aus Kenntnissen, Erinnerungen und Vorstellungen. Aber der ausschlaggebende Unterschied liegt darin, daß für Krishnamurti die Konditionierung mit Ich, innerer Zeit und Denken zusammenhängt. Darüber geben die Aphorismen Patañjalis keine Auskunft. Das

Denken wird als Schlußfolgerung (anumana) in die richtigen Quellen der Kenntnisse eingeordnet (Taimini 1986: 16). So hat Schlußfolgerung nicht die allumfassende Funktion des Denkens wie bei Krishnamurti.

Zur Überwindung der citta vṛttis muß man der Welt entsagen oder sich Gott hingeben (Taimini 1986: 20, 54). Oder man befolgt den achtgliedrigen Weg (asthangamarga), der die Technik des Yōga darstellt. Er besteht aus Selbstbeherrschung, Geboten, Körperstellung, Atemübungen, Zurückziehen der Sinnesorgane, Konzentration, Meditation und Trance (Taimini 1986: 205). Diese Technik verordnet dem Aspiranten Eigenschaften wie Ehrlichkeit, Glückseligkeit, Zufriedenheit, Gewaltlosigkeit, Enthaltsamkeit, Sauberkeit. Diese Eigenschaften sollen kultiviert werden.

Interessant ist für uns Patañjalis Auffassung von Trance und die Fähigkeiten, die sich in ihr entfalten. Er spricht von verschiedenen Trancezuständen, wobei jeder sich aus dem vorherigen entwickelt. Im Trancezustand nirvitarka verschwindet das Denken, und der Bewußtseinsapparat citta wird von Erinnerungen gereinigt (Taimini 1986: 109). Wenn der Aspirant in dieser Trance sicher geworden ist, wird er die göttliche Gnade erfahren (Taimini 1986: 115, sūtra 47), und das Bewußtsein wird wahrheittragendes Bewußtsein (sutra 48). Dies ist eine eindeutige Parallele zu Krishnamurti.

Der Bewußtseinszustand Trance heißt in den Aphorismen »samādhi«, und das bedeutet auf Sanskrit unter anderem Versenkung und auch »Stille« (Apte 1989: 963). In der Stille des Bewußtseins, in dem das Denken und die Erinnerungen nicht vorhanden sind, wird die Gnade des Göttlichen erlebt. Es ist interessant, daß nach Patañjali das Bewußtsein nur in dieser Stille zur Erfahrung der Wahrheit fähig ist. Die anderen Bewußtseinsmodifikationen wie Kenntnisse, Fehler, Phantasie und andere gelten zwar allgemein als Quellen der Kenntnisse. Sie erkennen aber nicht die Wahrheit. Dieser Ansicht kann Krishnamurti nur zustimmen (s. §§ 42, 47).

In den Sūtren finden wir keine Auskunft darüber, was das Denken bedeutet oder wie wir es überwinden sollen. Die citta vr̥ttis sollen insgesamt durch Entsagung, Übung oder Hingabe zu Gott überwunden werden. Hierin liegt der Unterschied zu Krishnamurtis Philosophie. Da Techniken, Übungen und jeder Willensentschluß nur Gedanken sind, ist nach Krishnamurti die Überwindung des Denkens durch sie nicht möglich. Und es gibt noch einen entscheidenden Unterschied: Im entkonditionierten Zustand verschwindet das individuelle Bewußtsein, und an seine Stelle tritt universales Bewußtsein. Bei Patañjali behält das Bewußtsein (purus.a) auch im erlösten Zustand seine Individualität.

§ 55 Adwaita Vedanta

Krishnamurtis Aussagen »der Beobachter ist das Beobachtete«, »das Denken erzeugt die Dualität«, »in der richtigen Beobachtung verschwindet der Beobachter« und seine Ansicht, daß das Ich nicht existiert, werfen die Frage auf, ob Krishnamurti ein Nicht-Dualist in der Art Sankaras ist. Sankaras Adwaita Vedanta besagt, daß Brahma, das universale Bewußtsein, die einzige Wahrheit ist, die Welt eine Illusion und das individuelle Bewußtsein nichts anderes als das Brahma (Rao 1990: 114). Die Dualität und die Vielfalt der Welt ist Māya (Verblendung) zuzuschreiben.

Auch für Krishnamurti ist die Individualität oder das Ich nur eine Illusion. Die beiden sind nur ein Konstrukt des Denkens. Wenn das konditionierte Denken überwunden wird, verschwindet die Individualität sowie das Ich, und das universale oder kosmische Bewußtsein tritt ein. Für Sankara ist dieses universale Bewußtsein nicht beschreibbar. In Worten kann man es nicht fassen. Die einzigen Bestimmungen, die es hat, sind Existenz, Bewußtsein und

Glückseligkeit. Hier denke man an Krishnamurti, der das Wort »Gott« nicht in den Mund nehmen will, da das Wort nicht Gott ist und alle Beschreibungen von Gott nur Gedanken sind (vgl. § 47).

Sankara untermauert seine Ansichten einerseits mit Hilfe der Veden und anderseits mit feiner Logik. Die Erfahrung dieser Wahrheiten ist durch Übungen, Studium und religiöse Lebensführung zu erreichen: Der Glaube geht der Erfahrung voraus. Das hält Krishnamurti für Selbsthypnose.

Für Sankara ist die Welt insofern eine Illusion, als wir sie auf Brahma projizieren und diese verschieden von uns sehen. Eine von unserem Bewußtsein unabhängige Welt existiert nach Sankara nicht. Krishnamurti weist nur die psychologische Dualität zurück, die das Denken erzeugt. Ihm zufolge existiert die Welt unabhängig von unserem Bewußtsein oder unseren Vorstellungen (Krishnamurti 1995: 16). So ist Krishnamurti letzten Endes in seiner Metaphysik Dualist in der Art der Sankhya-Yōga-Philosophie.

§ 56 Die westliche Philosophie

Angesichts des langjährigen Kontakts Krishnamurtis mit angelsächsischen Ländern ist die Frage relevant, ob seine Lehre Ähnlichkeiten zu Lehren europäischer Philosophen zeigt. Eine ausführliche Studie zu dieser Fragestellung gibt es nicht. Prof. Anderson stellte aber in seinen Gesprächen mit Krishnamurti einige Ähnlichkeiten zwischen den geistigen Traditionen Europas und Krishnamurti fest.

Nach Krishnamurti heißt »leben« in der Gegenwart leben. Viele von uns tun das nicht. Sie schleppen ihre Vergangenheit mit sich und leben in ihr. Wir können im »Jetzt« leben, wenn wir der Vergangenheit gegenüber sterben. Das ist durch Leerung des Bewußtseins zu erreichen. Diese Leerung nennt Krishnamurti den Tod. Wir sollen von Augenblick zu Augenblick sterben. Prof. Anderson machte die Anmerkung, daß Akademiker die Texte Platons

seit langem analysierten und doch einen wichtigen Punkt
dabei übersehen hätten: Platon sagte, daß ein Philosoph
jemand sei, der sich mit radikaler Veränderung und Wiedergeburt beschäftigte, und seine Hauptaufgabe sei, sich
im Sterben zu üben (Krishnamurti 1991a: 205).

§ 57 Descartes

Krishnamurtis Auffassung, das Denken erzeuge das Ich,
erinnert sehr an Descartes' Diktum »cogito ergo sum«. Für
Descartes ist die Tatsache, daß ich denke, ein Beweis dafür,
daß ich bin. Dies ist für ihn eine apodiktische Wahrheit.
Nach Krishnamurti ist das Denken dagegen eine Tätigkeit
des Bewußtseins und ihm gleich. Diese Tätigkeit erzeugt
viele Gedanken, und einer dieser Gedanken ist das Ich.
Trotz der ähnlich klingenden Formel sind die beiden ganz
unterschiedlicher Auffassung.

§ 58 Empirismus

Krishnamurtis Grundsatz, daß durch das Denken die
Wahrheit nicht zu finden ist, daß sie nur in der unmittelbaren Erfahrung zu finden ist und daß deshalb die Aussagen
nicht über die gegebenen Tatsachen hinausgehen sollen,
erinnert uns an die britischen Empiristen. Für diese beruht
die Wahrheit auf der Erfahrung, eben auf der Sinneserfahrung (Empirie), und sie lassen keine Aussagen zu, die
durch Spekulation abgeleitet werden. Nach Krishnamurtis
Auffassung übersteigt die Erfahrung jedoch den Bereich
der Sinne, und ihr Gegenstand ist auch nicht nur materiell.
Ein Beispiel für solch eine Erfahrung im entkonditionierten Bewußtsein ist die Gnade (§ 47).
Interessant ist David Humes Ansicht über das Selbst.
Wenn er sich sein Selbst anschauen will, sieht er nur
»irgendeine bestimmte Wahrnehmung von Wärme oder
Kälte, Licht oder Schatten, Liebe oder Haß, Schmerz oder

Freude«, und er sagt deshalb: »Ich kann niemals etwas beobachten außer der Wahrnehmung« (Hume 1984: 300). Auch nach Krishnamurti gibt es kein Selbst oder Ich als ein beharrendes Prinzip im Bewußtsein. Es ist ein Gedanke unter vielen anderen Gedanken, der sich verselbständigt, und somit ein Ergebnis des Denkens. Trotz gewisser Parallelen und der Anerkennung der Erfahrung als Quelle der Wahrheit übersteigt Krishnamurtis Philosophie die Grenzen des Empirismus.

§ 59 Kant

In gewisser Hinsicht ist Krishnamurti Kant ähnlich. Beide gehen davon aus, daß das Bewußtsein mittels des Denkens die Realität erzeugt (vgl. § 25). Unterschiede gibt es in der Frage, wie weit diese Fähigkeit des Denkens geht. Für Kant sind Raum und Zeit die Anschauungsformen des Bewußtseins; alle unsere Erfahrungen müssen räumliche und zeitliche Bestimmungen haben. Anders kann das Bewußtsein die Welt nicht erfahren. Nach Krishnamurti werden auch Raum und Zeit vom Denken erzeugt und sind daher keine ursprünglichen Gegebenheiten im Bewußtsein. Die Reinigung des Bewußtseins bedeutet die Überwindung von Raum und Zeit. Damit ist es auch möglich, die Realität (Phaenomenon) zu durchbrechen und die Welt an sich zu erfahren (vgl. § 25).

§ 60 Husserl

Ein Vergleich zwischen der Phänomenologie Edmund Husserls und Krishnamurti hat sich als ergiebig erwiesen (Gunturu 1994). Es bestehen methodische und zum Teil auch inhaltliche Ähnlichkeiten, die sich jedoch nicht auf den ersten Blick erschließen, da Husserls Schriften voller Fachtermini sind. Wenn man den Nebel der Fachtermini durchbricht, erkennt man, daß es um ein und dieselbe Sache geht.

Das erklärte Ziel der Phänomenologie Husserls ist die Begründung einer Philosophie, die genauso streng und widerspruchsfrei ist wie die Naturwissenschaften. Zu diesem Zweck muß der Philosoph alle seine Vorkenntnisse und Thesen, sogar die These, daß die Welt existiert, außer Kraft setzen. Diese Vorarbeit soll durch zwei Schritte, »Epoché« und »Reduktion« (Gunturu 1994: §§ 15,16), geleistet werden. Obwohl bei Husserl die Grenze zwischen den beiden Schritten fließend zu sein scheint, setzt die Epoché alle Vorkenntnisse außer Geltung, während die Reduktionen die Rückführung auf das reine Bewußtsein bewirken. Die beiden bereiten den Letztbegründungsboden (das transzendentale Bewußtsein) vor, worauf die Wahrheiten zu erfahren sind. Diesen »reinigenden« Schritten verfallen alle Geisteswissenschaften: Kultur, Religion, Wertvorstellungen, Staat, Logik, Geometrie und vieles andere, sogar Gott (Husserl 1950: 125). Husserl meint, wie auch Krishnamurti, der Mensch solle sich aus den Banden der Tradition befreien (Husserl 1959: 207).

Das ist nach Husserl der Radikalismus und der radikale Anfang. Nur im »Zwang zum äußersten Radikalismus« kann Philosophie wurzeln. Hier wird nichts angenommen, nichts vorausgesetzt, was nicht auf dem Boden des gereinigten Bewußtseins gesehen wird. Hier muß die Wahrheit erblickt werden.

Es kommt also auf das »Sehen« oder »Erfahren« der Wahrheit an. So ist Husserl gegen »Wahrheitsfindung« durch Schlußfolgerung oder Spekulation. In diesem Punkt ist er mit Krishnamurti einig. Doch der Radikalismus Krishnamurtis geht weiter. Husserl reinigt das Bewußtsein nicht von Zeit und Denken und verbietet sogar, daß das Ich ausgeschaltet wird, obwohl er in seiner frühen Schrift *Logische Untersuchungen* der Meinung ist, daß es im Bewußtsein das Ich nicht gebe. Doch ändert er später aus nicht phänomenologischen Gründen diese Meinung. Er befürchtet, daß die Wissenschaft, die im Zentrum seines

Interesses steht, sonst keine Grundlage mehr habe. Krishnamurti dagegen behält seine Ansicht, daß das Ich nur eine Illusion sei, bis zum Ende seines Lebens bei.

In vielen Bereichen lassen sich zwischen Husserl und Krishnamurti Entsprechungen finden: »Intentionalität« ist einer der grundlegenden Begriffe der Phänomenologie. Sie besagt, daß das Bewußtsein bewußt sein von etwas ist (vgl. § 38). Auch Krishnamurtis Lehre enthält unter anderem diese Anschauung, und er hat eine Art intentionaler Analyse, die viel umfassender ist als die Husserls.

Nach Husserl wie nach Krishnamurti gibt es zwei Arten von Zeit. Eine »innere Zeit« und eine »physische Zeit« (vgl. § 27), und beide Philosophen beschäftigten sich mit Erfahrungen, die von den Theorien und Messungen der Wissenschaften unberührt sind. Bei Husserl heißt die Sphäre solcher Erfahrungen die Lebenswelt.

Im Ziel unterscheiden sich die beiden jedoch. Die Begründung der universalen Wissenschaft ist Husserls Absicht, während Krishnamurti die bedingungslose Befreiung des Menschen will.

Schlußbemerkung

Am Ende einer Reihe von Gesprächen bedankte sich Allen W. Anderson, Professor für Religionswissenschaften, bei Krishnamurti und sagte: »Unsere Gespräche sind für mich bezüglich der Schriften, in die ich jahrelang versenkt war, eine Offenbarung gewesen« (Krishnamurti 1991a: 260). Er meinte damit, daß Krishnamurtis Erklärungen gewisser Begriffe beim Verstehen der Bibel, westlicher Mystik und Philosophie aufschlußreich gewesen sind. Wie kommt es, daß Krishnamurti, der keine Schriften, weder die östlichen noch die westlichen, gelesen hatte, einem Professor die Begriffe erläutern konnte?

Die Antwort ist einerseits in der Natur der Wahrheit und ihrer Erfahrung zu suchen. In der Tradition steckt ein Stück ursprünglicher Erfahrung, um die sich mit der Zeit viele Schriften und institutionelle Formen bilden, welche die erfahrene Wahrheit verdecken. Wir brauchen wieder jemanden, der die Wahrheit aufdeckt und sie uns augenscheinlich macht. Dies tut Krishnamurti.

Andererseits ist die Wahrheit nicht an eine historische Situation oder an einen bestimmten Ort gebunden. Sie transzendiert Raum und Zeit. Aus dieser Ansicht heraus bekämpfte Husserl den Historismus und die Weltanschauungsphilosophie. Krishnamurti teilt diese Ansicht, wenn er sagt: »Es gibt keinen persönlichen Ansatz zur Wahrheit, genauso wie es keinen für die Entdeckung wissenschaftlicher Fakten geben kann. Es stimmt nicht, daß verschiedene Wege zur Wahrheit führen, daß die Wahrheit verschiedene Aspekte hat« (Krishnamurti 1995a: 187).

Die verschiedenen Beschreibungen der einen Wahrheit, die Gott ähnlich über Raum und Zeit steht, müssen übereinstimmen. Darin liegt die Erklärung für die Entsprechungen zwischen Krishnamurti und anderen Denkern. Angesichts dieser Tatsache ist es unangemessen, ihn für einen östlichen oder westlichen Philosophen zu erklären und seine Haltung zu Denken, Ich, Gott, Tradition auf sein Herkunftsland zurückzuführen. Ein Besucher merkte an, daß Krishnamurtis Philosophie sehr negativ und seine Haltung dem Denken gegenüber eine »orientalische Anschauung« sei (Krishnamurti 1982b: 184). Dieser Besucher wußte offensichtlich nicht, daß auch im Westen einige Denker diese Haltung vertreten. Krishnamurti antwortete: »Diese Teilung der Menschen in westliche oder östliche ist geographisch und willkürlich, nicht wahr? Sie hat keine maßgebende Bedeutung. [...] Das Denken ist weder westlich noch östlich. Der Mensch aber trennt es nach seiner Konditionierung« (Krishnamurti 1982b: 185). Die Ansichten Krishnamurtis sind weder nur für ein bestimmtes Land noch für ein bestimmtes Volk gültig. Seine Philosophie hat Relevanz für alle Menschen. Die Teilung der Menschen in Europäer, Deutsche, Franzosen, Afrikaner und andere ist Konditionierung und Ergebnis falschen Denkens, welches nicht nur Dualität und Fragmentierung erzeugt, sondern auch die Einheit der Menschen beeinträchtigt. Wir sind eine Menschheit, und wir haben alle dasselbe Bewußtsein und dieselbe Mühsal. Wenigstens jetzt, am Ende des zwanzigsten Jahrhunderts, nach vielen Unruhen und zwei Weltkriegen, möge diese Wahrheit erkannt werden. Die logische Begründung und Verkündung dieser Wahrheit ist eine der bedeutendsten Leistungen Krishnamurtis.

Seien wir uns unser eigenes Licht. Die Ansichten und Befehle anderer Menschen, sei es im Bereich der Politik oder Esoterik, sollten wir nicht befolgen. Wenn unser Bewußtsein rein ist, wird sich Gott selbst uns zeigen.

Literatur

Apte, Vaman Shivaram: *The Practical Sanskrit English Dictionary.* Delhi 1989.

Besant, Annie/Leadbeater, C. W.: *Alkyone.* (Unveröffentlichte Skripte nach einer freien Übersetzung von Beatrice Virgil) Berlin 1930.

Bharadwaja, Shri Ekkirala: *Shri Swami Samartha.* Ongole 1986.

Bharadwaja, Shri Ekkirala: *Shri Sai Baba.* Ongole 1987.

Blau, Evelyn: *Krishnamurti 100 Jahre.* Grafing 1995.

Blavatsky, H. P.: *Der Schlüssel zur Theosophie.* Nürnberg 1922.

Blavatsky, H. P.: *Die Geheimlehre.* Wien/München 1955 (?).

Dasgupta, Surendranath: *A History of Indian Philosophy, Vol. 1, 2, 3.* Delhi 1988.

Dhopeshwarkar, A. D.: *J. Krishnamurti and Awareness in Action.* Bombay 1967.

Dhopeshwarkar, A. D.: *Krishnamurti and the Texture of Reality.* Bombay 1973.

Dvivedi, M. N.: *The Yoga Sutras of Patanjali.* Delhi 1992.

Freud, Sigmund: *Vorlesungen zur Einführung in die Psychoanalyse.* Frankfurt am Main 1994.

Freud, Sigmund: *Neue Folge der Vorlesungen zur Einführung in die Psychoanalyse.* Frankfurt am Main 1991.

Gruen, Arno: *Wahnsinn der Normalität*: München 1990.

Gunturu, Vanamali: *Krishnamurtis Gedanken aus der phänomenologischen Perspektive Edmund Husserls.* Inaugural-Dissertation zur Erlangung des Doktorgrades der Philosophie an der Ludwig-Maximilians-Universität zu München 1994 (unveröffentlicht).

Hiriyanna, M.: *Outlines of Indian philosophy.* Bombay 1979.

Holroyd, Stuart: *Krishnamurti: The Man, The Mystery & The Mastery.* Shaftesbury 1991.

Hume, David: *A Treatise of human understanding.* Middlesex 1984.

Husserl, Edmund: *Ideen zu einer reinen Phänomenologie und phänomenologischen Philosophie. Erstes Buch.* (Hrsg. v. W. Biemel) Den Haag 1950.

Husserl, Edmund: *Die Krisis der europäischen Wissenschaften und die transzendentale Phänomenologie.* (Hrsg. v. W. Biemel) Den Haag 1954.

Husserl, Edmund: *Erste Philosophie (1923/24). Erster Teil. Kritische Ideengeschichte.* (Hrsg. v. R. Boem) Den Haag 1959.

Jayakar, Pupul: *Krishnamurti: A Biography*. Delhi 1988.
Jayakar, Pupul/Patwardhan, Sunanda (Hrsg.): *Within the Mind: On J. Krishnamurti*. Madras 1988a.
Krishnamurti, J.: *Sri Lanka Talks*. Madras ohne Jahr.
Krishnamurti, J.: *You are the world*. New York 1973.
Krishnamurti, J.: *Tradition and Revolution*. Madras 1982.
Krishnamurti, J.: *Exploration into Insight*. Madras 1982a.
Krishnamurti, J.: *Krishnamurti's Notebook*. Madras 1982b.
Krishnamurti, J.: *Krishnamurti's Journal*. San Francisco 1982c.
Krishnamurti, J.: *The Impossible Question*. London 1984.
Krishnamurti, J.: *Freedom from the Known*. Delhi 1984a.
Krishnamurti, J.: *Mind without measure*. Madras 1984b.
Krishnamurti, J.: *Commentaries on Living*. Delhi 1984c.
Krishnamurti, J.: *Commentaries on Living: Third series* Delhi 1984d.
Krishnamurti, J.: *Beyond Violence*. Delhi 1984e.
Krishnamurti, J.: *Second Penguin Krishnamurti Reader*. Middlesex 1984f.
Krishnamurti, J.: *The way for Intelligence*. Madras 1985.
Krishnamurti, J.: *Life ahead*. London 1985a.
Krishnamurti, J.: *Commentaries on Living: Second series*. Delhi 1986.
Krishnamurti, J.: *Flame of attention*. Madras 1987.
Krishnamurti, J.: *Things of Mind*. Delhi 1988.
Krishnamurti, J.: *Erziehung zur Kunst des Lebens*. Heidelberg 1988a.
Krishnamurti, J.: *Letters to the Schools – II*. Madras 1988b.
Krishnamurti, J.: *Letters to the Schools*. Madras 1989.
Krishnamurti, J.: *Awakening of intelligence*. London 1990.
Krishnamurti, J.: *Wholeness of life*. Madras 1990a.
Krishnamurti, J.: *The first and last freedom*. London 1990b.
Krishnamurti, J.: *The ending of time*. London 1991.
Krishnamurti, J.: *Wholly different way of living*. London 1991a.
Krishnamurti, J.: *On God*. San Francisco/New York 1992.
Krishnamurti, J.: *Zukunft ist jetzt*. Frankfurt am Main 1993.
Krishnamurti, J.: *The network of thought*. Madras 1993a.
Krishnamurti, J.: *Questions and Answers*. Madras 1993b.
Krishnamurti, J.: *Future of Humanity*. Madras 1993c.
Krishnamurti, J.: *Meditations*. Madras 1993d.
Krishnamurti, J.: *Truth and actuality*. Madras 1995.
Krishnamurti, J.: *Krishnamurti for Beginners*. Madras 1995a.
Krishnamurti, J.: *On Education*. Madras 1995b.
Laing, Ronald D.: *Phänomenologie der Erfahrung*. Frankfurt am Main 1969.
Laing, Ronald D.: *Die Politik der Familie*. Köln 1975.

Lutyens, Mary: *Years of Awakening*. Krishnamurti Foundation India 1975.

Lutyens, Mary: *Years of Fulfillment*. London 1983.

Lutyens, Mary: *The open Door*. New York 1991.

Lutyens, Mary: *Life and Death of Krishnamurti*. London 1991a.

Mehta, Rohit: *J. Krishnamurti and the nameless experience*. Delhi 1989.

Michel, Peter: *Krishnamurti: Liebe und Freiheit*. Grafing 1992.

Neel, Ann F.: *Handbuch der psychologischen Theorien*. München 1974.

Radhakrishnan, S./Moor, Charles A.: *A Source Book of Indian Philosophy*. London 1957.

Rao, P. Nagaraja. *Introduction to Vedanta*. Bombay 1990.

Roderigues, Hillary: *Insight and Religious Mind: An Analysis of Krishnamurtis Thought*. New York 1990.

Sankaracarya, Sri: *Srimad Bhagawatgita Bhashya*. Madras 1983.

Sartre, J. P.: *Existentialism and Humanism*. London 1977.

Schuhmann, H. W.: *Buddhismus: Stifter, Schulen und Systeme*. München 1994.

Sloss, Radha: *Life in the shadows of Krishnamurti*. Addison-Wesley, Mass. 1993.

Steiner, Rudolf: *Mein Lebensgang*. Stuttgart 1948.

Taimini, I. K.: *The Science of Yoga*. Madras 1986.

Thakar, Vimal: *Meine Begegnung mit Krishnamurti*. Grafing 1989.

Thilly, Frank: *A History of Western Philosophy*. Allahabad 1996.

Tillet, Gregory: *The Elder Brother: A biography of C. L. Leadbeater*. London 1982.

Vivekananda, Swami: *Raja-Yoga*. Freiburg im Breisgau 1981.

Wachsmuth, G.: *Rudolf Steiners Erdenleben und Wirken. Eine Biographie*. Dornach o. J.

Weeraperuma, Susunaga: *Living and Dying from Moment to Moment*. Bombay 1981.

Zum Autor

Vanamali Gunturu, 1956 in Indien geboren, studierte Sanskrit-Literatur, englische Literatur und Geschichte sowie Philosophie und schrieb eine Dissertation über Franz Kafka. 1988/89 absolvierte er eine Ausbildung zum Deutschlehrer am Goethe-Institut in München. 1995 promovierte er an der Ludwig-Maximilians-Universität in München in Philosophie mit einer Arbeit über Husserl und Krishnamurti. Neben seiner Tätigkeit als Autor hält er Seminare an der Universität sowie freie Vorträge.

Heinrich Zimmer
Der Weg zum Selbst
Lehre und Leben des Shri Ramana Maharshi
Diederichs Gelbe Reihe Band 7, 224 Seiten
Anhand der Lehre Shri Ramanas, eines der bedeutenden Trä-
ger indischer Weisheit, stellt der Indologe Heinrich Zimmer
Mythologie und Philosophie Indiens dar.

Henri Le Saux/Swami Abhishiktananda
Die Spiritualität der Upanishaden
Diederichs Gelbe Reihe Band 26, 240 Seiten
Der Benediktiner Henri Le Saux (auch Swami Abhishikta-
nanda) wurde in Indien spiritueller Meister. Er beschreibt die
Verbindung zwischen den asketischen Idealen des Hinduis-
mus und des Christentums.

Sri Chinmoy
Veden, Upanishaden, Bhagavadgita
Die drei Äste am Lebensbaum Indiens.
Diederichs Gelbe Reihe Band 107, 200 Seiten
Sri Chinmoy erläutert, wie die klassischen Quellentexte,
Grundpfeiler indischer Kultur, auf jeweils eigene Art den Weg
ins Absolute weisen.

Gerhard Wehr
Spirituelle Meister des Westens
Leben und Lehre
Diederichs Gelbe Reihe Band 116, 301 Seiten
Gerhard Wehr stellt im kompakten Überblick große Persön-
lichkeiten vor: H. P. Blavatsky, Rudolf Steiner, C. G. Jung,
Graf Dürckheim, G. I. Gurdijeff, Julius Evola und viele an-
dere.

Eugen Diederichs Verlag

DIEDERICHS GELBE REIHE
Die lieferbaren Bände

EUGEN DIEDERICHS VERLAG